KB187498

영어 알파벳

Aa
[ei 에이]

Bb
[bi: 비]

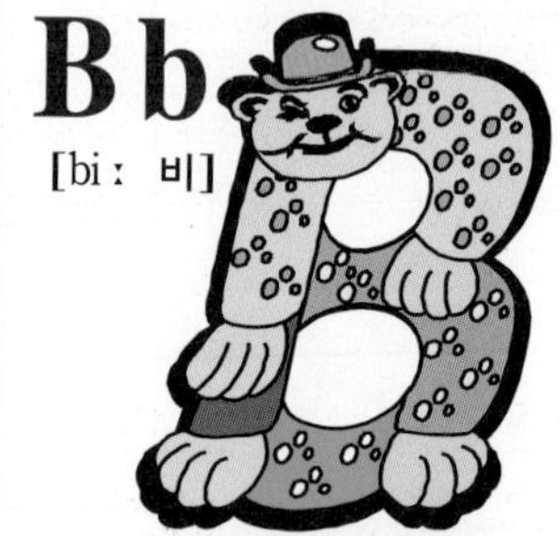

Cc
[si: 씨]

Dd
[di: 디]

Ee
[iː 이]

Ff
[ef 에프]

Gg
[dʒiː 지]

Hh
[eitʃ
에이취]

Ii
[ai 아이]

Jj
[dʒei 제이]

Kk
[kei 케이]

Ll
[el 엘]

Mm
[em 엠]

Nn
[en 엔]

Oo
[ou 오우]

Pp
[pi： 피]

Qq
[kjuː 큐]

Rr
[ɑːr 아르]

Ss
[es 에스]

Tt
[tiː 티]

Uu
[juː 유]

Vv
[viː 비]

Ww
[dʌ́blju: 더블유]
Xx
[eks 엑스]
Yy
[wai 와이]
Zz
[zi: 지]

이 세상에서 가장 소중한,
사랑하는~

에게

♥우리말은 영어의 모든 말을 대부분 정확하게 표현할 수 있지만, 국제 발음 기호를 수록하였으므로 부모님이나 선생님께서는 어린이에게 정확한 영어 읽기를 도와 주세요.

♥굵은 글씨로 쓴 영어 발음은 강하게 발음해야 합니다(영어의 악센트).

♥어린이들에게 영어 사전의 단어 찾는 법을 가르쳐 주세요.

♥즉시 회화로 사용할 수 있는 간단한 문장 160여 개가 들어 있어서 영어 공부를 시작하는 어린이가 쉽게 영어에 가까워질 수 있습니다.

♥이 책의 단어를 다 외운 어린이는 본사에서 펴낸 영어첫사전 · 영어그림단어장을 보기를 권합니다.

이 책은 본사의 《어린이 영어 그림사전》을 포켓북으로 재출간하였습니다.

그림으로 배우는 영어책

기초 영단어 660

지식서관

♥알파벳 읽고 쓰기

에이	A a	A a	A a	A a	에이취	H h	H h	H h	H h
비	B b	B b	B b	B b	아이	I i	I i	I i	I i
씨	C c	C c	C c	C c	제이	J j	J j	J j	J j
디	D d	D d	D d	D d	케이	K k	K k	K k	K k
이	E e	E e	E e	E e	엘	L l	L l	L l	L l
에프	F f	F f	F f	F f	엠	M m	M m	M m	M m
지	G g	G g	G g	G g	엔	N n	N n	N n	N n

이름	글자			
오우	O	O	O	O
	o	o	o	o
피	P	P	P	P
	p	p	p	p
큐	Q	Q	Q	Q
	q	q	q	q
아르	R	R	R	R
	r	r	r	r
에스	S	S	S	S
	s	s	s	s
티	T	T	T	T
	t	t	t	t

이름	글자			
유	U	U	U	U
	u	u	u	u
비	V	V	V	V
	v	v	v	v
더블유	W	W	W	W
	w	w	w	w
엑스	X	X	X	X
	x	x	x	x
와이	Y	Y	Y	Y
	y	y	y	y
지	Z	Z	Z	Z
	z	z	z	z

※ 위에 있는 좀 커 보이는 글자는 **대문자**, 아래의 작은 글자는 **소문자**입니다.

※ 사람의 이름이나 나라 이름의 맨 앞, 또는 문장의 맨 앞에는 꼭 대문자를 쓴답니다.

발음 기호 배우기(모음)

발음 기호	읽는 법	사 용 예
ɑ	아	hot [hɑt 핫]
ɑː	아-	arm [ɑː *r*m 아-암]
æ	애	bag [bæg 백]
e	에	egg [eg 에그]
ɔː	오-	all [ɔː l 오-올]
u	우	good [gud 굿]
uː	우-	blue [bluː 블루-]
ʌ	어	sun [sʌn 썬]
ə	어	ear [iə*r* 이어]
		from [frəm 프럼]
i	이	give [giv 기브]
iː	이-	key [kiː 키-]

발음 기호 배우기(모음)

발음 기호	읽는 법	사 용 예
əː *r*	어-	girl [gəː *r*l 거-얼]
ɔː *r*	오-	corn [kɔː *r*n 코-온]
ɑː *r*	아-	dark [dɑː *r*k 다-크]
au	아우	cow [kau 카우]
ai	아이	cry [krai 크라이]
εə*r*	에어	chair [tʃεə*r* 췌어]
ei	에이	age [eidʒ 에이지]
ou	오우	coat [kout 코우트]
ɔi	오이	boy [bɔi 보이]
uə*r*	우어	poor [puə*r* 푸어]
iə*r*	이어	ear [iə*r* 이어]

발음 기호 배우기(자음)

발음 기호	읽는 법	사 용 예
b	브, ㅂ	boy [bɔi 보이]
d	드, ㄷ	desk [desk 데스크]
f	프, ㅍ	film [film 필름]
g	그, ㄱ	gas [gæs 개스]
h	흐, ㅎ	hand [hænd 핸드]
j	이	yes [jes 예스]
k	크, ㅋ	kick [kik 킥]
l	ㄹ	line [lain 라인]
m	므, ㅁ	milk [milk 밀크]
n	느, ㄴ	name [neim 네임]
p	프, ㅍ	pen [pen 펜]
r	ㄹ	red [red 레드]

발음 기호 배우기(자음)

발음 기호	읽는 법	사 용 예
s	스, ㅅ	sky [skai 스카이]
t	트, ㅌ	tell [t e l 텔]
v	브, ㅂ	very [véri 베리]
w	우	wind [wind 윈드]
z	즈	zoo [zuː 주-]
θ	쓰	bath [bæθ 배쓰]
ð	드	this [ði s 디스]
ʃ	쉬	dish [d iʃ 디쉬]
ʒ	지	vision [víʒən 비전]
dʒ	지	large [l ɑː *r*dʒ 라-지]
tʃ	취	child [t ʃaild 촤일드]
ŋ	응, ㅇ	song [sɔŋ 쏭]

a

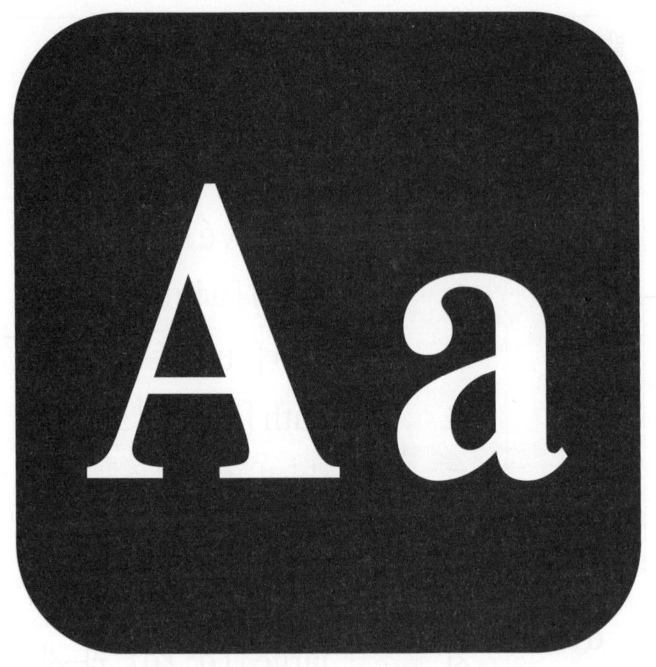

에이

a [ə 어, ei 에이(강조할 때)]

뜻 **하나의**(한 명의, 한 개의, 한 마리의, 한 권의)

히 킵스 어 캣
He keeps a cat.
그는 한 마리의 고양이를 기르고 있어요.

언 애플
an apple
사과 한 개

참고 **a** 뒤에 모음이 오면 **an** [ən 언]을 씁니다.

a

across [əkrɔ́(:)s 어크로스]

뜻 …을 가로질러, 저쪽 편에

어 보이 이즈 러닝 어크로스 더 스트리트
A boy is running across the street.
한 소년이 거리를 가로질러 달리고 있어요.

act [ækt 액트]

뜻 행동(하다), 연기하다

a

address [ədrés 어드레스]

뜻 주소, 보내는 곳

경기도 고양시 덕양구 벽제동 564-4
지 식 서 관
4 1 2 5 1 0

엔벌로우프
envelope
봉투

a

after [ǽftər 애프터]

뜻 …의 뒤에, …을 뒤쫓아

런 애프터 힘
Run after him! 그를 쫓아가라!

a

afternoon

[æ̀ftərnúːn 애프터눈]

뜻 오후

굿 애프터눈
Good afternoon.

안녕하세요?(오후 인사)

a

again [əgén 어겐]

뜻 다시, 또

씨 유 어겐
See you again. 또 만나요. 안녕!

a

age [e idʒ 에이지]

뜻 나이

왓 이즈 히즈 에이지
What is his age?
그는 몇 살입니까?

air [εər 에어]

뜻 공기, 공중

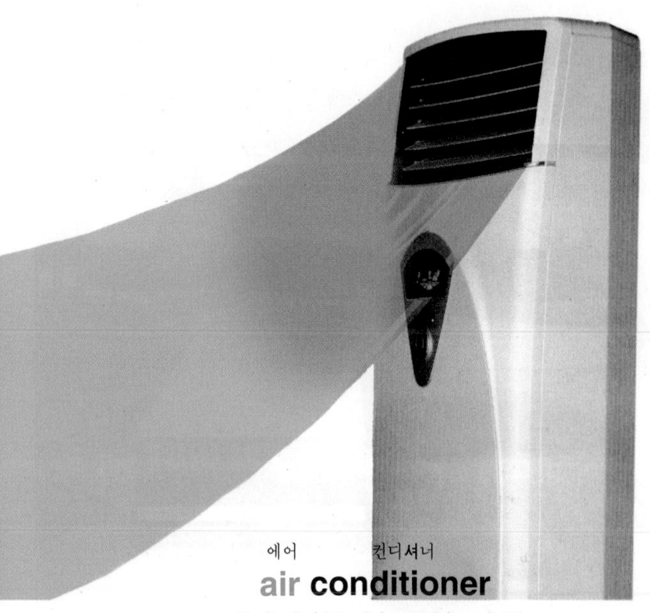

에어 컨디셔너
air conditioner
냉난방(공기 조절) 장치

a

airport [ɛ́ərpɔ̀ːrt 에어포트]

뜻 공항, 비행장

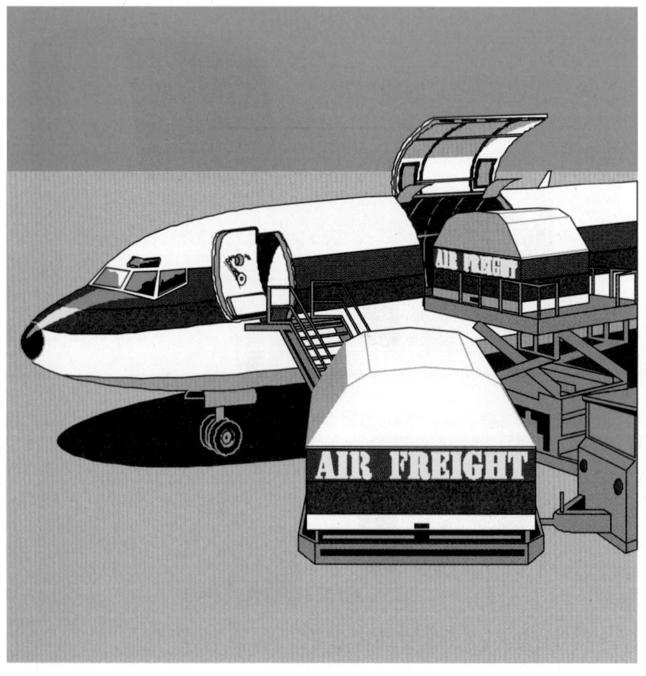

a

album [ǽlbəm 앨범]

뜻 앨범, 사진첩

a

all [ɔːl 올]

뜻 전부의, 모든

올 라잇
All right. 그래, 좋아!

always [ɔ́ːlweiz 올웨이즈]

뜻 늘, 언제나

히 올웨이즈 샤우츠
He always shouts.
그는 늘 고함을 쳐요.

a

and [ænd 앤드]

뜻 …와, 그리고

어 보이 앤드 어 펜슬
a boy and a pencil
소년과 연필

a

angry [ǽŋgri 앵그리]

뜻 성난, 화난

돈(트) 겟 앵그리
Don't get angry. 화내지 마세요.

a

animal

[ǽnəməl 애너멀]

뜻 동물

answer [ǽnsər 앤써]

뜻 대답하다

앤써 디스 퀘스천
Answer this question.
이 질문에 답하세요.

a

apartment

[əpάːrtmənt 어파트먼트]

뜻 아파트

a

apple [ǽpl 애플]

뜻 사과

a

arm [ɑːrm 암]

뜻 팔

arrow [ǽrou 애로우]

뜻 화살

a

ask [æsk 애스크]

뜻 물어 보다, 청하다

아이 원트 투 애스크 유 썸씽
I want to ask you something.
물어 볼 게 좀 있는데요.

aunt [ænt 앤트]

뜻 아주머니

b

Bb

비

baby [béibi 베이비]

뜻 갓난아기

back [bæk 백]

뜻 등, 뒤

컴 백 앳 원스
Come back at once. 곧 돌아오세요.

bad [bæd 배드]

b

뜻 나쁜, 해로운

배드 해빗츠
bad habits 나쁜 버릇

b

bag [bæg 백]

뜻 가방

왓 두 유 해브 인 유어 백
What do you have in your bag.
가방 속에 무엇이 들어 있나요?

ball [bɔːl 볼]

뜻 볼, 공

쓰로우 더 볼 투 미
Throw the ball to me.
공을 나에게 던져라.

b

balloon [bəlúːn 벌룬]

뜻 풍선, 기구

banana [bənǽnə 버내너]

b

뜻 바나나

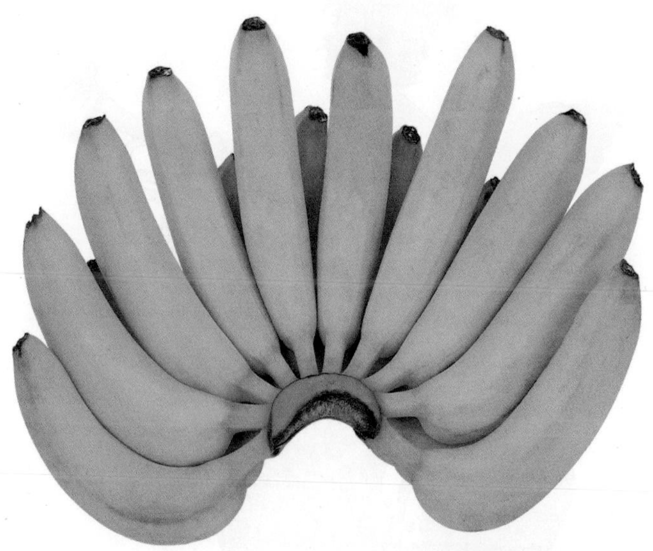

b

band [bænd 밴드]

뜻 ①띠, 끈
②악대

bank [bæŋk 뱅크]

뜻 은행

b

baseball

뜻 야구

[béisbɔːl 베이스볼]

basket [bǽskit 배스킷]

뜻 바구니

배스킷볼
basketball 농구

basket

b

bat [bæt 배트]

뜻 방망이

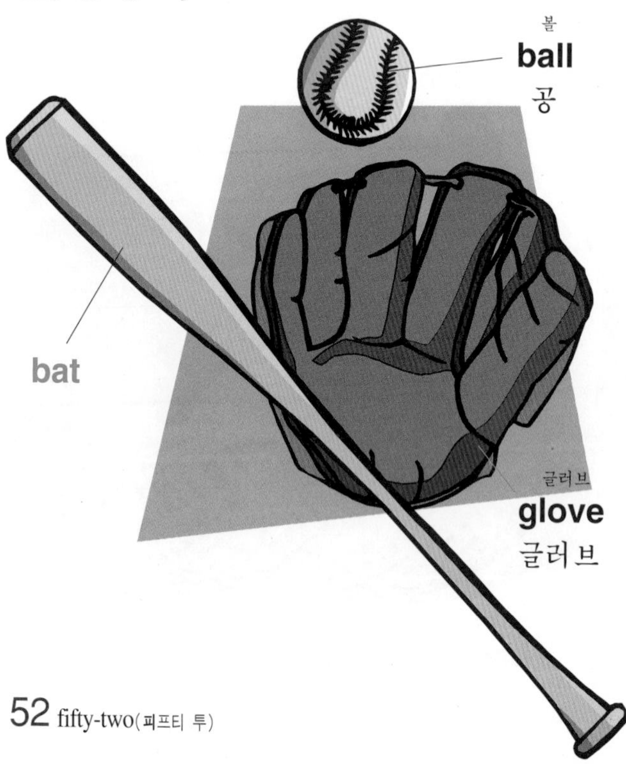

bath [bæθ 배쓰]

b

뜻 목욕탕, 목욕

아이 테이크 어 배쓰 에브리 데이
I take a bath every day.
나는 매일 목욕을 해요.

b

beach [biːtʃ 비취]

뜻 물가, 바닷가

bear [bɛə*r* 베어]

곰

b

beautiful

[bjúːtəfəl 뷰터펄]

뜻 아름다운

쉬 이즈 어 뷰터펄 우먼
She is a beautiful woman.
그 여자는 미인이에요.

bed [bed 베드]

b

뜻 침대, 잠자리

아이 고우 투 베드 앳 나인
I go to bed at nine. 나는 9시에 잡니다.

b

bell [bel 벨]

뜻 벨, 방울, 종

더 벨 이즈 링깅
The bell is ringing. 종이 울리고 있어요.

bench [bentʃ 벤취]

b

뜻 벤치, 긴 의자

플리즈 싯 온 더 벤취
Please sit on the bench.
벤치에 앉으세요.

b

bicycle [báisikl 바이씨클]

뜻 자전거

big [big 빅]

b

뜻 큰

어 빅 엘러펀트
a big elephant 큰 코끼리

b

bird [bəːrd 버드]

뜻 새

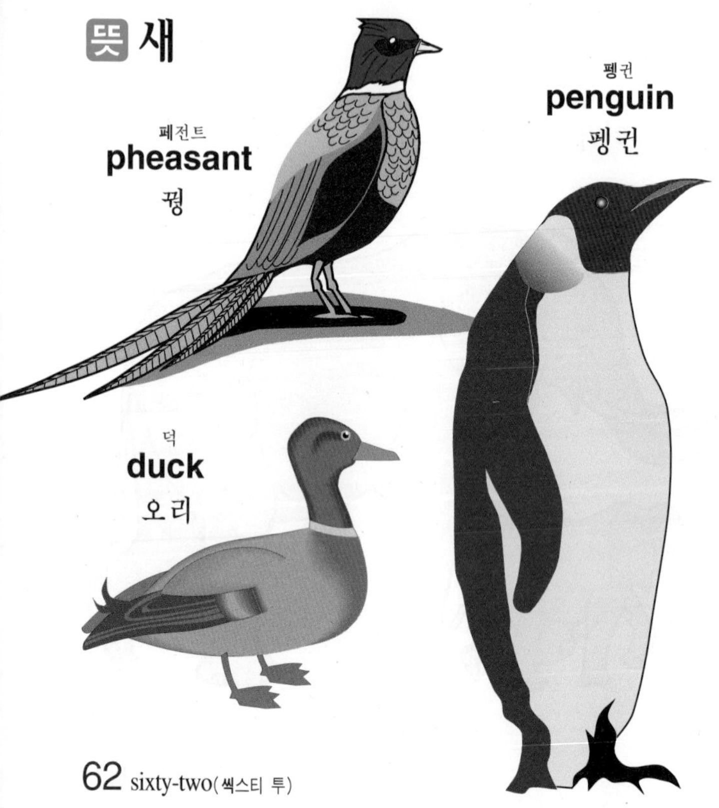

피카크
peacock
공작

이글
eagle
독수리

구스
goose
거위

펠리컨
pelican
사다새

b

b

birthday

[bə́:rθdèi 버쓰데이]

뜻 생일

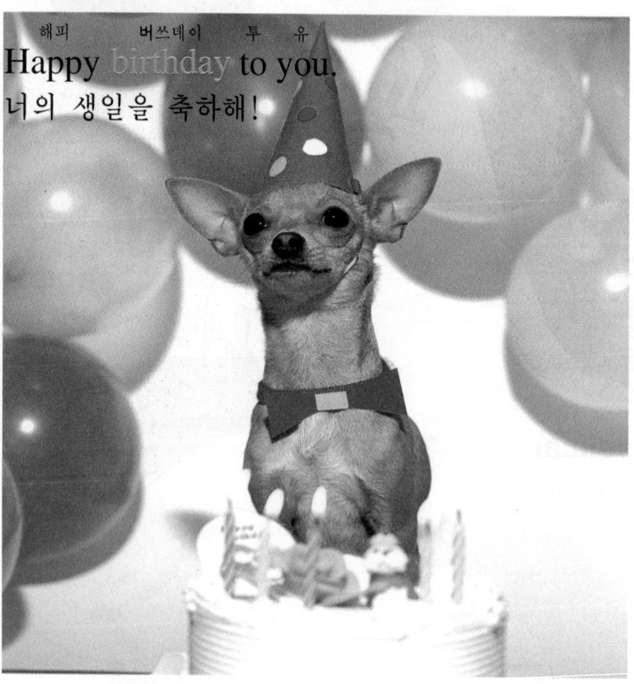

해피 버쓰데이 투 유
Happy birthday to you.
너의 생일을 축하해!

biscuit [bískit 비스킷]

뜻 비스킷, 과자

b

black [blæk 블랙]

뜻 검은(색)

블랙 펜슬즈
black pencils
검정색 연필들

blackboard

[blǽkbɔːrd 블랙보드]

뜻 칠판

b

blow [blou 블로우]

뜻 불다

잇 이즈 블로윙 하드
It is blowing hard.
바람이 심하게 불고 있어요.

blue [blu: 블루]

b

뜻 푸른, 파랑

블루 펜슬즈
blue pencils 파란색 연필들

b

boat [bout 보우트]

뜻 보트, 작은 배, 기선

간덜러
gondola
곤돌라

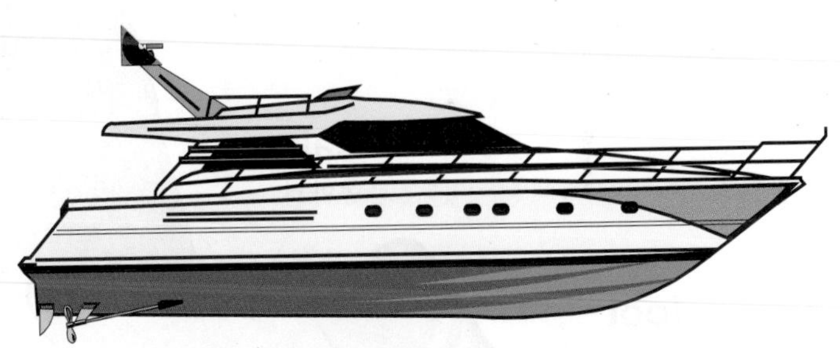

스피드 보우트
speed boat 고속 모터 보트

b

body [bádi 바디]

뜻 몸, 육체

쇼울더
shoulder
어깨

백
back
등

힙
hip
엉덩이

캐프
calf
종아리

푸트
foot
발

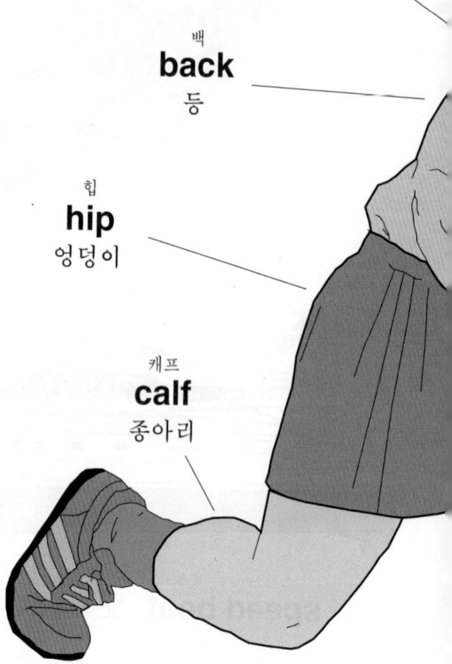

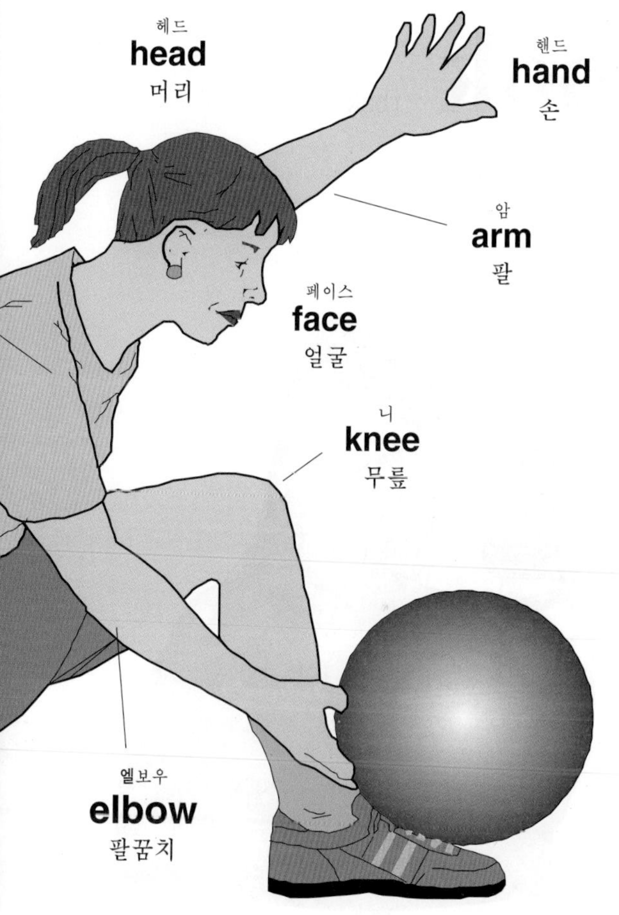
헤드
head
머리
핸드
hand
손
암
arm
팔
페이스
face
얼굴
니
knee
무릎
엘보우
elbow
팔꿈치

b

b

book [buk 북]

뜻 책

오우픈 유어 북 온 페이지 씩스

Open your book on page six.

책 6페이지를 펴세요.

bottle [bátl 바틀]

 병

b

box [baks 박스]

뜻 상자

데어 아 독스 인 더 박스
There are dogs in the box.
개가 상자 안에 있습니다.

boy [bɔi 보이]

b

뜻 소년

아이 앰 어 커리언 보이
I am a Korean boy.
나는 한국 소년입니다.

b

bread [bred 브레드]

뜻 빵

breakfast

b

[brékfəst 브렉퍼스트]

뜻 아침 식사

왓 두 유 해브 퍼 브렉퍼스트

What do you have for breakfast.

당신은 아침 식사로 무엇을 먹습니까?

b

bridge [bridʒ 브리지]

뜻 다리

bring [briŋ 브링]

b

뜻 가져오다, 데려오다

플리즈 브링 어 펜슬 투 미
Please bring a pencil to me.
연필을 가져오세요.

b

brother [brʌ́dər 브러더]

뜻 형제

brush [brʌʃ 브러쉬]

b

뜻 닦다, 솔, 붓

b

build [bild 빌드]

뜻 세우다, 짓다

burn [bəːrn 번]

b

뜻 불타다, 타다

더 우드 번즈 이즐리
The wood burns easily.
나무는 불에 잘 탑니다.

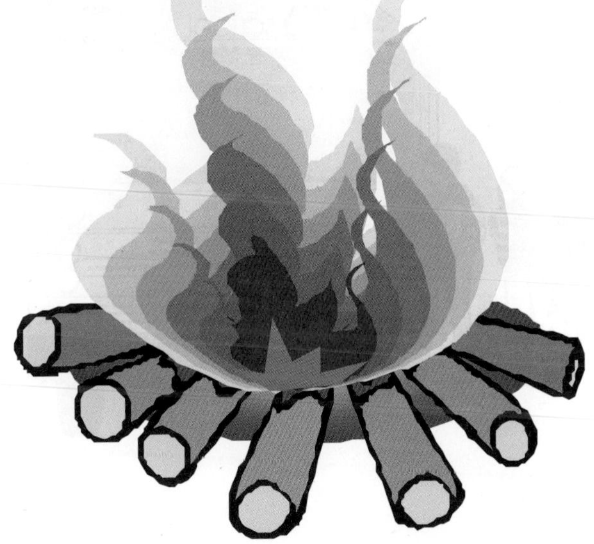

b

bus [bʌs 버스]

뜻 버스, 합승 자동차

busy [bízi 비지]

뜻 바쁜

아임 비지 나우
I'm busy now. 나는 지금 바빠요!

b

butter [bʌ́tə*r* 버터]

뜻 버터

위 이트 버터 온 브레드
We eat butter on bread.
우리들은 빵에 버터를 발라 먹어요.

button [bʌ́tn 버튼]

b

뜻 단추

b

buy [bai 바이]

뜻 사다

by [bai 바이]

뜻 …옆에

바이 미
by me 내 옆에

b

bye [bai 바이]

뜻 안녕, 잘 있어

굿 바이 바이바이
Good bye. = Byebye.
안녕! 잘 있어!
잘 가!

Cc

씨

cake [keik 케이크]

C

뜻 케이크, 과자

두 유 라이크 케이크
Do you like cake? 케이크 좋아하세요?

calender

[kǽləndər 캘런더]

C

뜻 달력

call [kɔːl 콜]

C

뜻 부르다

콜 창 수
Call Chang-Soo.
창수를 부르세요.

camera [kǽmərə 캐머러]

C

뜻 카메라, 사진기

camp [kæmp 캠프]

C

뜻 캠프, 야영

레츠 고우 캠핑
Let's go camping. 캠핑을 가자.

can [kæn 캔]

C

뜻 …할 수 있다

아이 캔 유즈 더 컴퓨터
I can use the computer.
나는 컴퓨터를 할 수 있어요.

candle [kǽndl 캔들]

C

뜻 양초

candy [kǽndi 캔디]

C

뜻 캔디, 사탕 과자

cap [kæp 캡]

C

뜻 (테가 없는)모자

테이크 오프 유어 캡
Take off your cap.
모자를 벗어라.

captain [kǽptin 캡틴]

C

뜻 ①대장, 주장
②선장, 함장

car [ka:r 카]

뜻 자동차

지프
jeep
지프

파이어 트럭
fire truck
불자동차

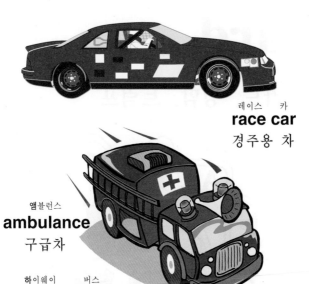

레이스 카
race car
경주용 차

앰뷸런스
ambulance
구급차

하이웨이 버스
highway bus
고속 버스

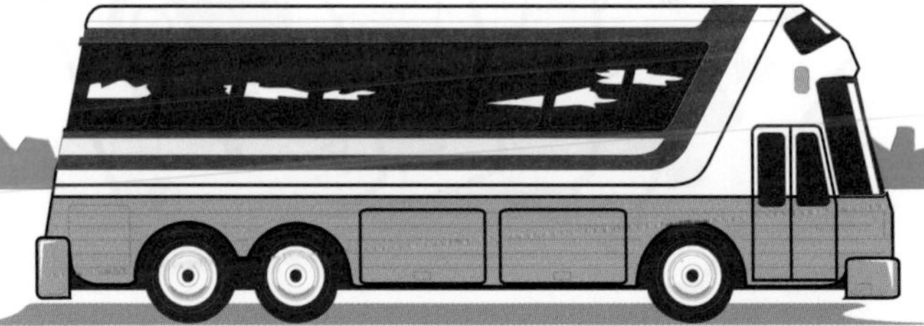

card [kaːr 카드]

C

뜻 카드, 명함, 트럼프

care [kεər 케어]

C

뜻 조심, 주의

테이크 굿 케어 어브 유어셀프
Take good care of youself.
몸조심 하세요.

case [keis 케이스]

C

뜻 ①상자
②경우, 사정

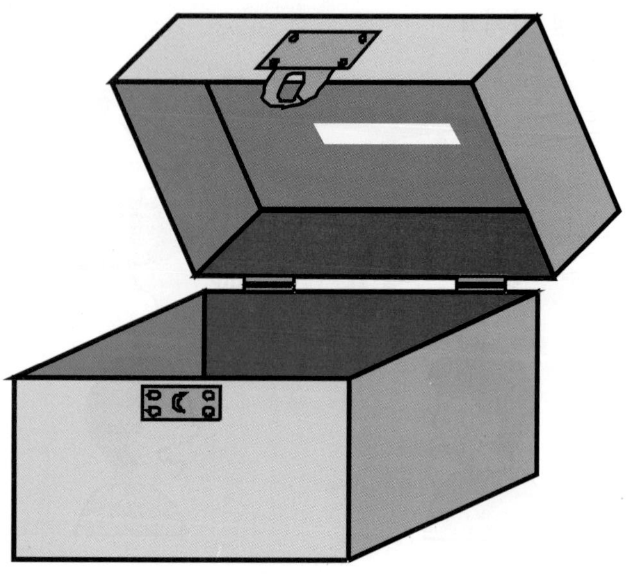

cat [kæt 캣]

C

뜻 고양이

catch [kætʃ 캐취]

C

뜻 붙들다, 잡다

캐처
catcher
잡는 사람,
(야구의)포수

center [séntər 쎈터]

C

뜻 중앙, 중심

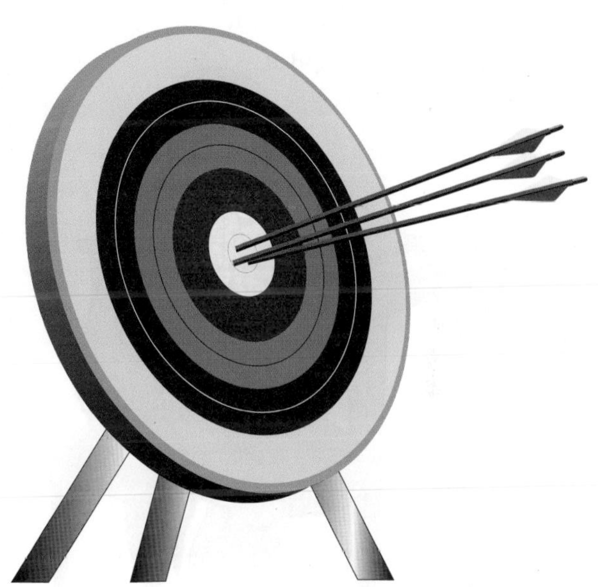

chair [tʃεər 췌어]

C

뜻 의자, 걸상

쉬 이즈 씨팅 온 더 췌어
She is sitting on the chair.
그녀는 의자에 앉아 있어요.

chance [tʃæns 챈스]

C

뜻 ①기회 ②가망

어 캐피틀 챈스
a capital chance 절호의 기회

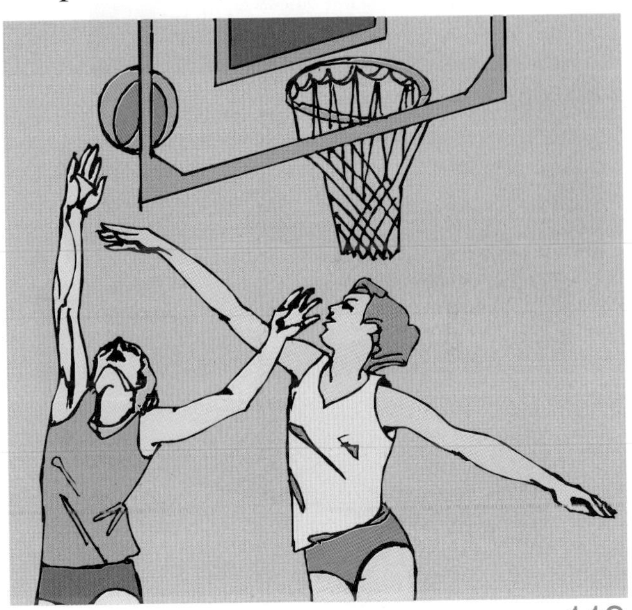

cheese [tʃiːz 치즈]

c

뜻 치즈

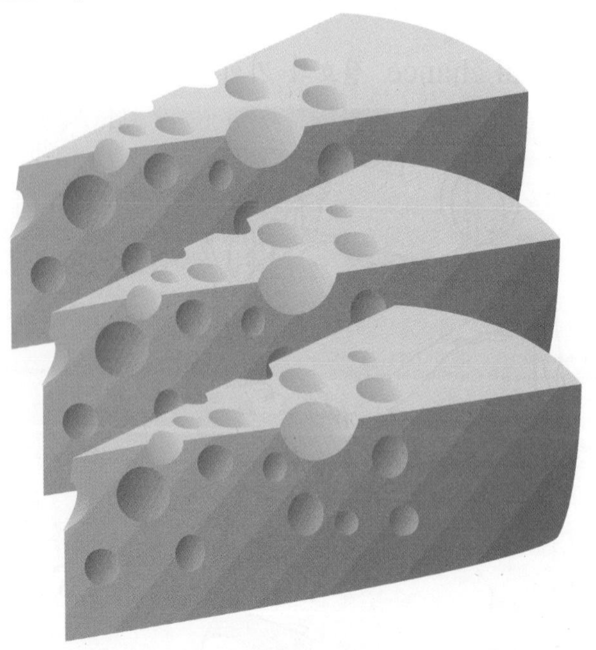

chicken [tʃíkən 치컨]

C

뜻 닭

child [tʃaild 촤일드]

C

뜻 아이, 어린이

촐드런
children
어린이들

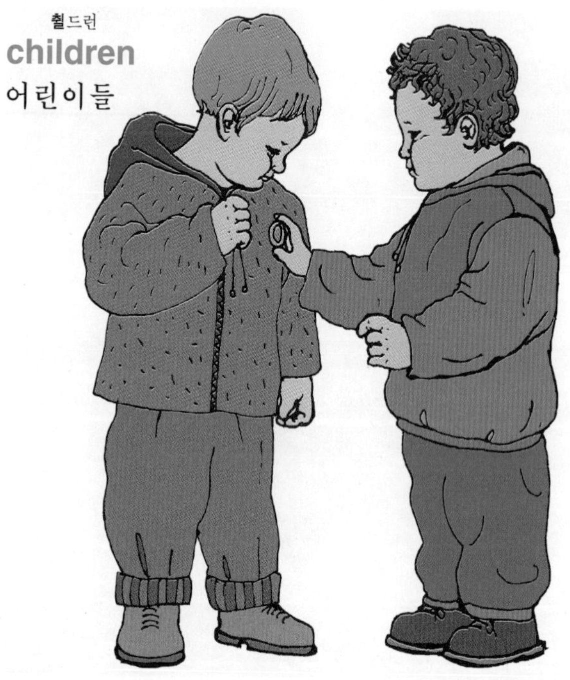

chopstick

[tʃápstik 찹스틱]

C

뜻 젓가락

church [tʃəːrtʃ 춰취]

C

뜻 교회

아이 고우 투 춰취 온 썬데이
I go to church on Sunday.
나는 일요일에 교회를 갑니다.

circle [sə́:rkl 써클]

C

뜻 원, 고리

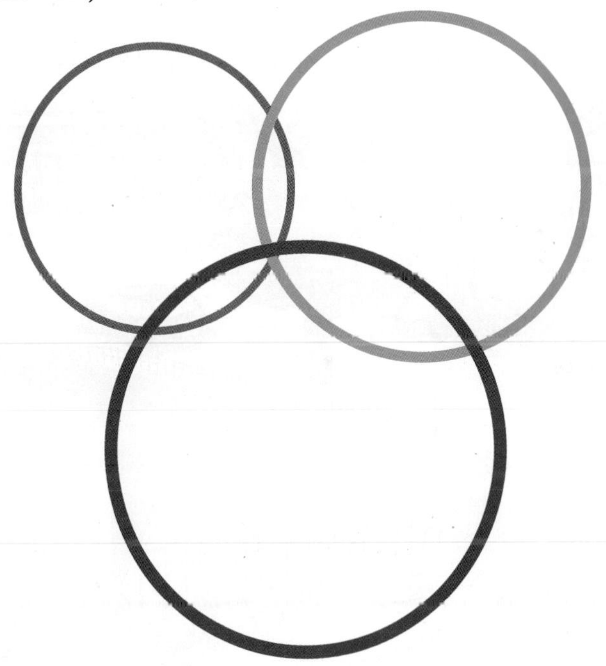

city [síti 씨티]

c

뜻 시, 도회지

서울 이즈 어 빅 씨티
Seoul is a big city. 서울은 큰 도시입니다.

classmate

[klǽsméit 클래스메이트]

C

뜻 학급 친구, 동급생

cleaning [klíːniŋ 클리닝]

C

뜻 청소, 세탁

맘 이즈 클리닝 더 룸
Mom is cleaning the room.
엄마는 방을 청소하고 계세요.

climb [klaim 클라임]

C

뜻 오르다, 기어오르다

아이 캔 클라임 디스 마운튼
I can climb this mountain.
나는 이 산을 오를 수 있어요.

clock [klak 클락]

C

뜻 탁상 시계, 괘종 시계

데어 이즈어 클락 온 더 데스크
There is a clock on the desk.
책상 위에 시계가 있어요.

close [klouz 클로우즈]

뜻 닫다, 끝나다, 끝내다

플리즈 클로우즈 더 도
Pleace close the door. 문을 닫아 주세요.

clothes

c

[klouz 클로우즈, klouðz 클로우드즈]

뜻 옷, 의복

풋 온 유어 클로우즈
Put on your clothes. 옷을 입으세요.

cloud [klaud 클라우드]

뜻 구름

루크 앳 댓 클라우즈
Look at that clouds.
저 구름들을 보세요.

coat [kout 코우트]

C

뜻 웃옷, 저고리, 외투

테이크 오프 유어 코우트
Take off your coat. 웃옷을 벗어라.

coffee [kɔ́:fi 코피]

C

뜻 커피

웰 유 해브 어 컵 어브 코피
Will you have a cup of coffee?
커피 한 잔 드시겠어요?

coin [kɔin 코인]

C

뜻 동전, 화폐

cold [kould 코울드]

C

뜻 추운, 감기

잇 이즈 코울드 터데이
It is cold today. 오늘은 추워요.

color [kʌ́lər 컬러]

C

뜻 ①색깔, 색칠하다
②특색

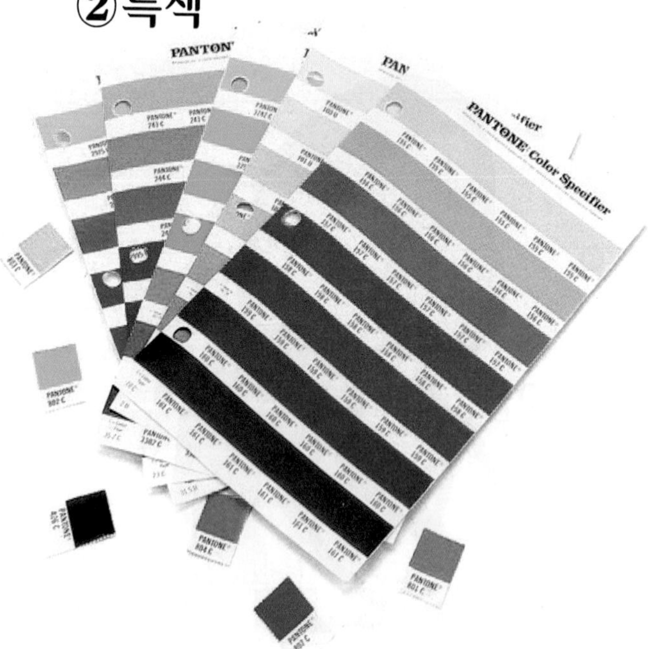

come [kʌm 컴]

C

뜻 오다

컴 백
Come back.
돌아오다.

computer

C

뜻 컴퓨터

[kəmpjúːtər 컴퓨터]

cook [kuk 쿡]

C

뜻 요리하다, 요리사

히 이즈어 굿 쿡
He is a good cook.
그는 요리를 잘 합니다.

copy [kápi 카피]

C

뜻 베낀 것, 복사하다

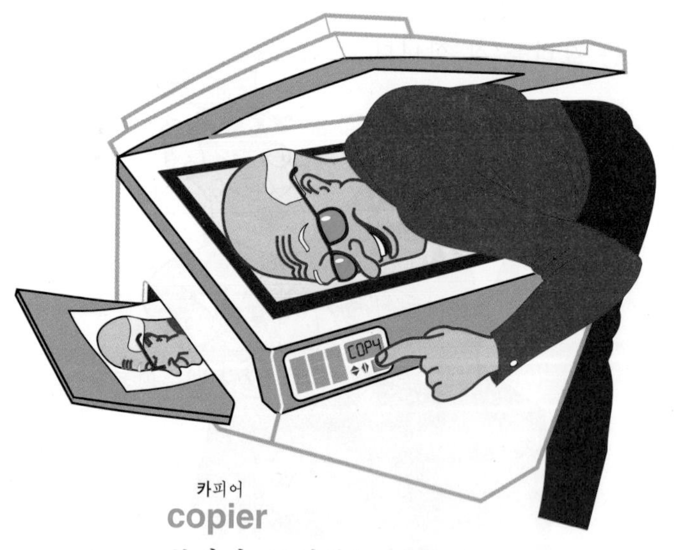

카피어
copier
복사기, 복사하는 사람

corn [kɔːrn 콘]

C

뜻 옥수수

count [kaunt 카운트]

C

뜻 세다, 계산하다, 계산

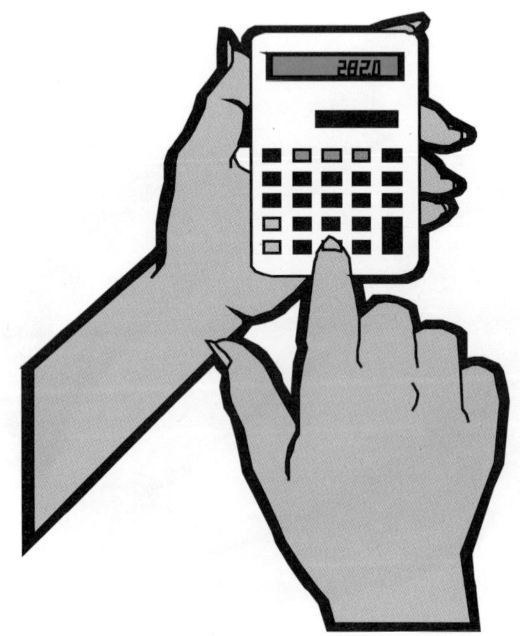

cover [kʌ́vər 커버]

C

뜻 덮다, 씌우다, 표지, 뚜껑

cow [kau 카우]

c

뜻 암소

crayon [kréiən 크레이언]

C

cross [krɔːs 크로스]

c

뜻 가로지르다, 십자가

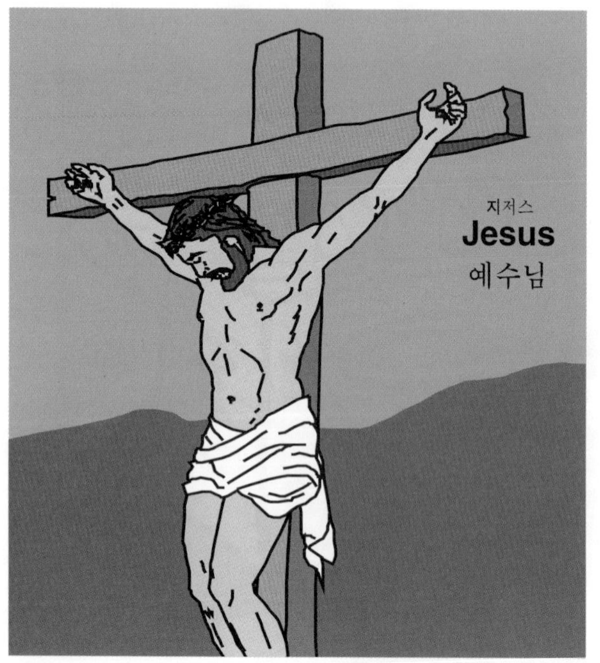

cry [krai 크라이]

C

뜻 울다, 큰 소리를 지르다

더 걸 이즈 크라잉
The girl is crying.
소녀가 울고 있어요.

cup [kʌp 컵]

C

뜻 잔, 우승컵

플리즈 해브 어 컵 어브 티
Please have a cup of tea.
차 한 잔 드세요.

curtain [kə́ːrtən 커튼]

뜻 커튼, 막

cut [kʌt 컷]

C

뜻 베다, 썰다, 깎다

컷 잇 위드 디스 씨저스
Cut it with this scissors.
이 가위로 그것을 자르세요.

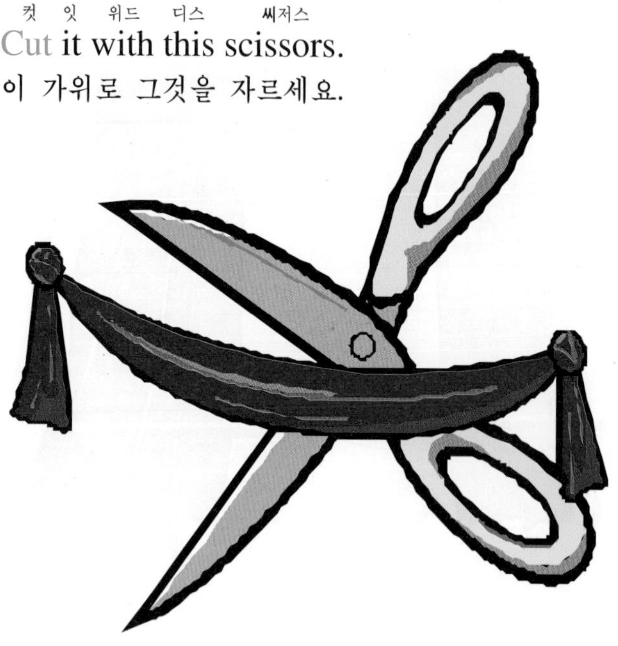

Dd

d

디

dad [dæd 대드]

뜻 아빠

d

dance [dæns 댄스]

뜻 춤, 춤추다, 무도회

쉬 댄씨즈 베리 웰
She dances very well.
그녀는 춤을 잘 춥니다.

d

danger [déindʒər 데인저]

뜻 위험

d

dark [dɑːrk 다크]

뜻 어두운

d

잇 이즈 게팅 다크
It is getting dark. 날이 어두워지고 있어요.

date [deit 데이트]

d

뜻 ①날짜, 연월일
②만남의 약속

daughter [dɔ́ːtər 도터]

뜻 딸

d

파더 앤드 도터
father and daughter 아버지와 딸

deer [diər 디어]

뜻 사슴

d

desk [desk 데스크]

뜻 책상

d

diary [dáiəri 다이어리]

뜻 일기, 일기장

d

아이 킵 어 다이어리
I keep a diary. 나는 일기를 씁니다.

dictionary

[díkʃənèri 딕셔네리]

뜻 **사전**

언 잉글리쉬 커리언 딕셔네리
an English-Korean dictionary 영한 사전

die [dai 다이]

뜻 죽다

d

dinner [dínər 디너]

뜻 저녁 식사, 정찬

d

위 해브 디너 앳 씩스
We have dinner at six.
우리는 6시에 저녁 식사를 합니다.

dinosaur

[dainəsɔːr 다이너쏘]

뜻 공룡

d

스테거쏘어러스
Stegosaurus
스테고사우루스

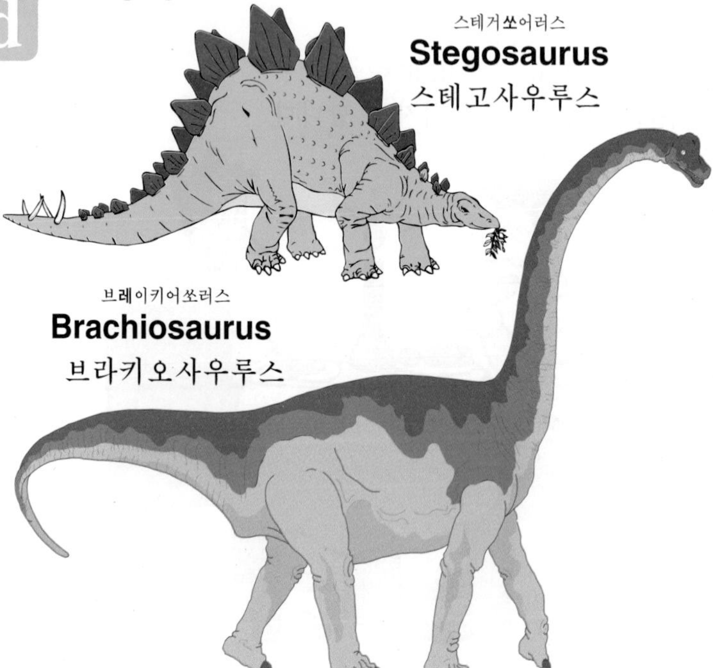

브레이키어쏘러스
Brachiosaurus
브라키오사우루스

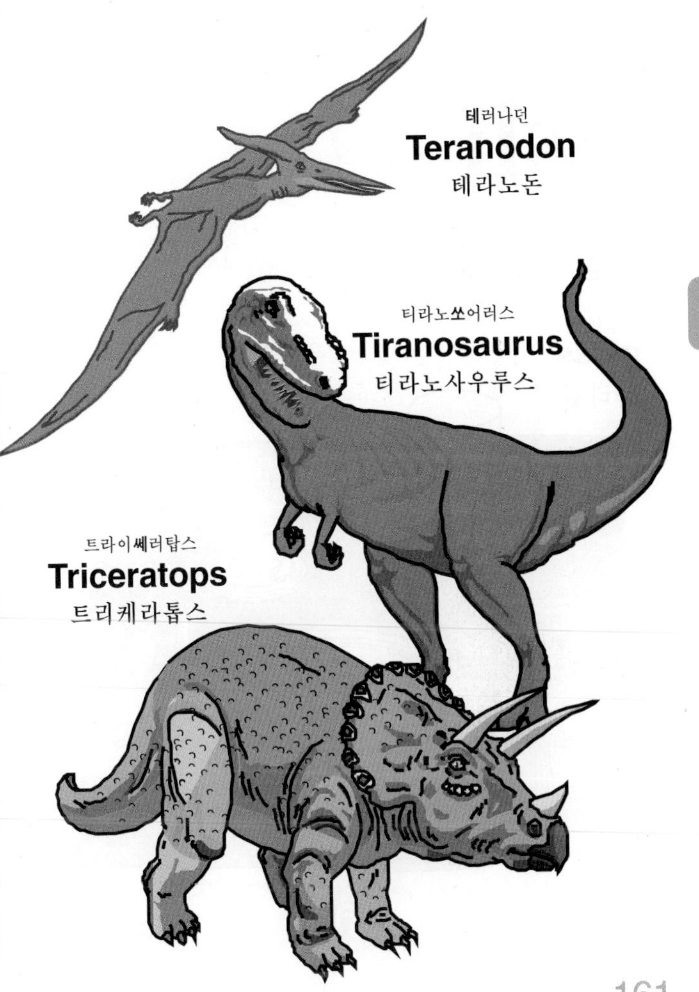
테러나던
Teranodon
테라노돈
티라노쏘어러스
Tiranosaurus
티라노사우루스
트라이쎄러탑스
Triceratops
트리케라톱스

d

dish [diʃ 디쉬]

뜻 접시, 요리

d

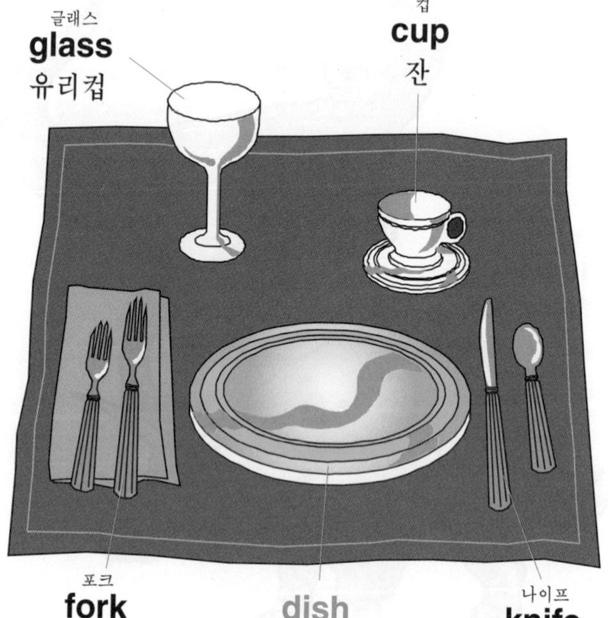

doctor [dάktər 닥터]

뜻 의사, 박사

d

dog [dɔg 독]

뜻 개

d

doll [dɑl 달]

뜻 인형

쉬 플레이즈 위드 허 달
She plays with her doll.
그녀는 인형을 가지고 놀아요.

d

dollar [dɑ́lər 달러]

뜻 달러(미국의 돈)

d

dolphin [dálfin 달핀]

뜻 돌고래

d

door [dɔːr 도]

뜻 문

d

오우픈 더 도 플리즈
Open the door, please.
문을 열어 주세요.

down [daun 다운]

뜻 아래로, 아래쪽으로

어 캣 고우즈 다운 더 스테어즈
A cat goes down the stairs.
고양이가 계단을 내려가고 있어요.

d

draw [drɔː 드로]

뜻 그리다, 끌다

d

쉬 이즈 드로잉 어 픽쳐
She is drawing a picture.
그녀는 그림을 그리고 있어요.

dream [dri:m 드림]

뜻 꿈, 꿈을 꾸다

d

dress [dres 드레스]

뜻 부인복, 어린이 옷

d

drink [driŋk 드링크]

뜻 ①마시다
②마실 것, 음료, 술

아이 드링크 오린지 쥬스 에브리 모닝
I drink orange juice every morning.
나는 매일 아침 오렌지 주스를 마셔요.

drive [draiv 드라이브]

뜻 운전하다, 몰다

d

드라이버
driver 운전사, 운전 기사

drum [drʌm 드럼]

뜻 북, 북을 치다

d

duck [dʌk 덕]

뜻 오리

d

Ee

e

이

ear [iər 이어]

뜻 귀

어 헤어 해즈 롱 이어즈
A hare has long ears.
토끼는 긴 귀를 가지고 있어요.

e

earth [ə:rθ 어쓰]

뜻 지구

위 리브 온 디 어쓰
We live on the earth.
우리는 지구 위에서 삽니다.

e

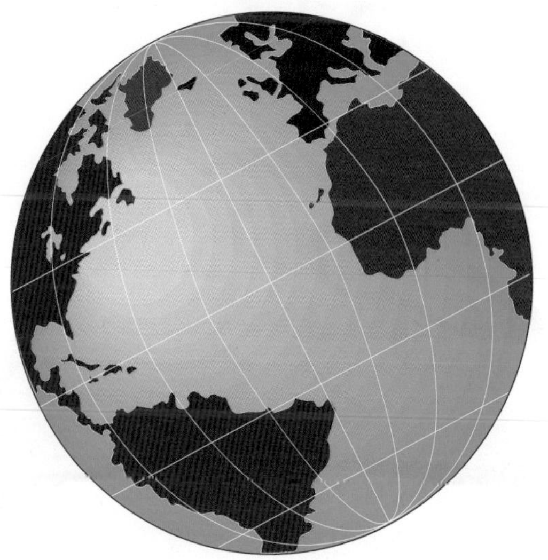

east [iːst 이스트]

뜻 동쪽

더 썬 라이지즈 인 디 이스트
The sun rises in the east.
해는 동쪽에서 뜨지요.

e

eat [i:t 이트]

뜻 먹다, 식사하다

히 이즈 이팅 어 워터멜런
He is eating a watermelon.
그는 수박을 먹고 있어요.

e

egg [eg 에그]

뜻 달걀, 알

e

engine [éndʒin 엔진]

뜻 엔진, 발동기

e

evening [íːvniŋ 이브닝]

뜻 저녁, 밤

e

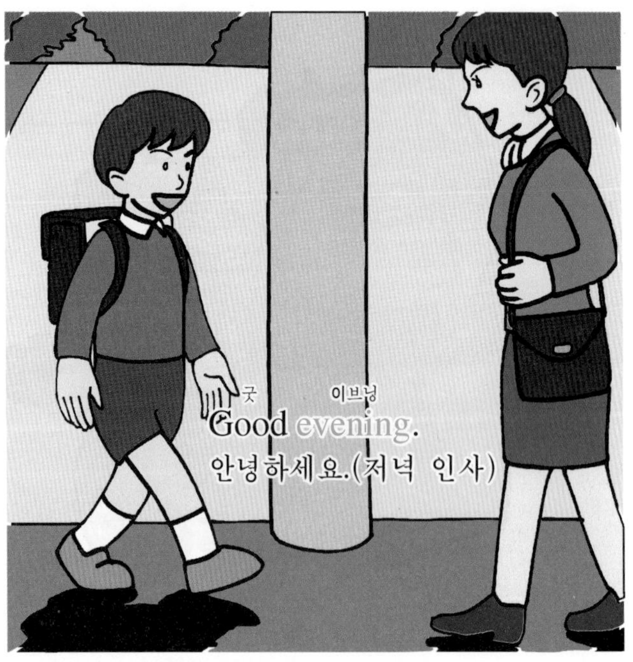

굿 이브닝
Good evening.
안녕하세요.(저녁 인사)

excuse [ikskjúz 익스큐즈]

뜻 용서하다

익스큐즈 미
Excuse me. 실례합니다.

e

eye [ai 아이]

뜻 눈, 시력

히　해즈　블루　아이즈
He has blue eyes. 그는 눈이 푸릅니다.

e

Ff

f

에프

face [feis 페이스]

뜻 얼굴, 용모

포리드(포헤드)
forehead
이마

노우즈
nose 코

립
lip 입술

넥
neck 목

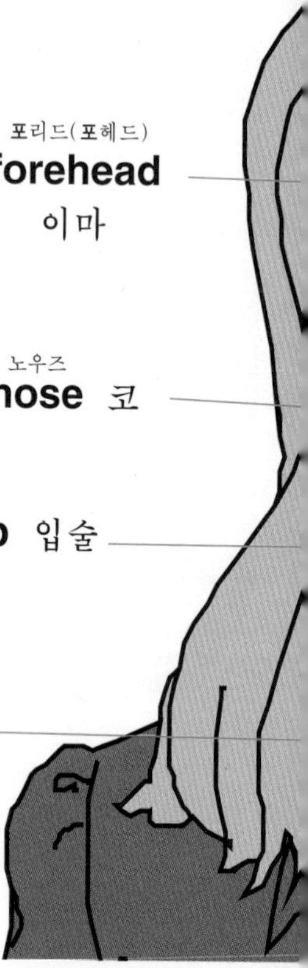

f

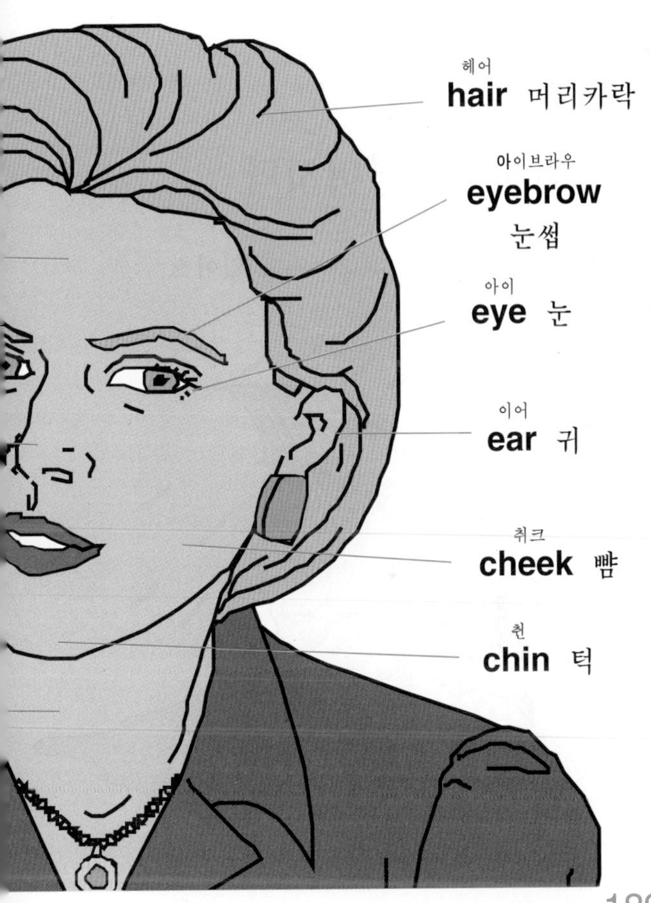
헤어
hair 머리카락
아이브라우
eyebrow
눈썹
아이
eye 눈
이어
ear 귀
취크
cheek 뺨
췬
chin 턱

f

fall [fɔːl 폴]

뜻 떨어지다, 넘어지다

더　레인 이즈　폴링
The rain is falling. 비가 오고 있어요.

f

family [fǽmili 패밀리]

뜻 가족

f

farm [faːrm 팜]

뜻 농장, 농원

f

father [fɑ́:ðər 파더]

뜻 아버지

f

fight [fait 파이트]

뜻 싸우다, 싸움

f

film [film 필름]

뜻 필름

f

finger [fíŋgər 핑거]

뜻 손가락

f

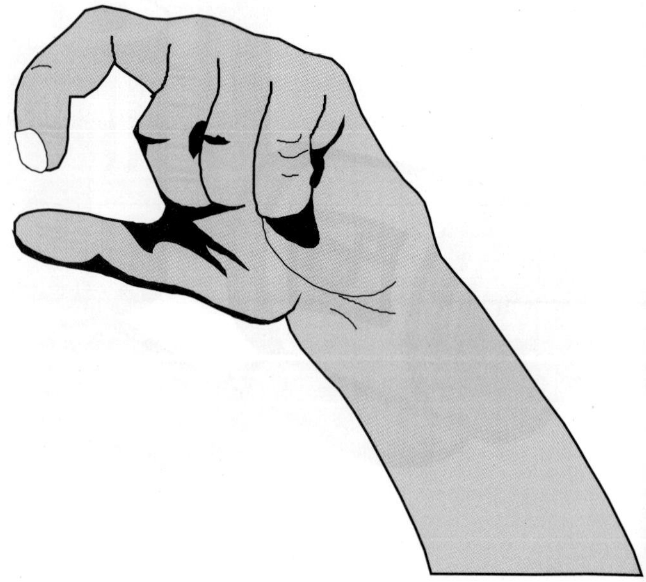

fire [faiər 파이어]

뜻 불, 화재

f

fish [fiʃ 피쉬]

뜻 물고기, 어류, 낚다

f

flower [flauər 플라우어]

뜻 꽃, 화초

f

fly [flai 플라이]

뜻 ①날다, 날리다
②파리

f

food [fu:d 푸드]

뜻 음식, 먹을것

f

foot [fut 푸트]

뜻 발

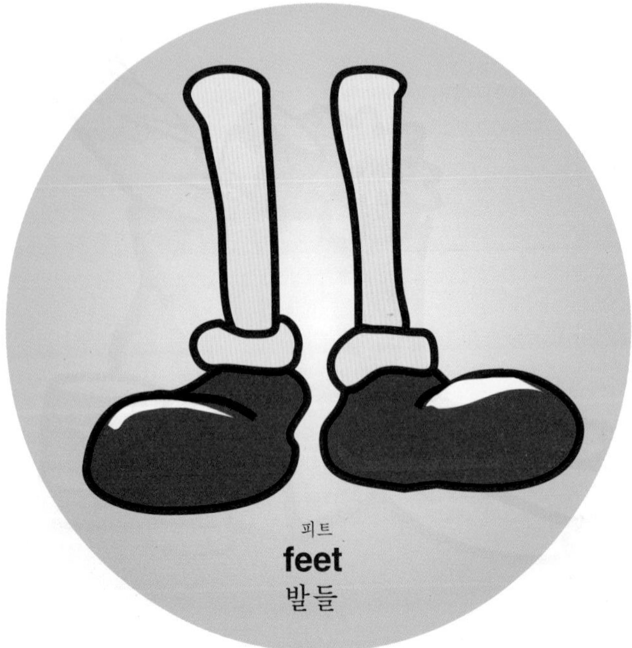

forget [fərgét 퍼겟]

뜻 잊어버리다

Don't forget. 잊지 마세요.
(돈트 퍼겟)

f

fork [fɔːrk 포크]

뜻 포크

friend [frend 프렌드]

뜻 친구, 벗

쉬 이즈 어 프렌드 어브 마인
She is a friend of mine.
그녀는 나의 친구입니다.

f

fruit [fru:t 프루트]

뜻 과일, 과실

레먼
lemon
레몬

플럼
plum
자두

오린지
orange
오렌지

f

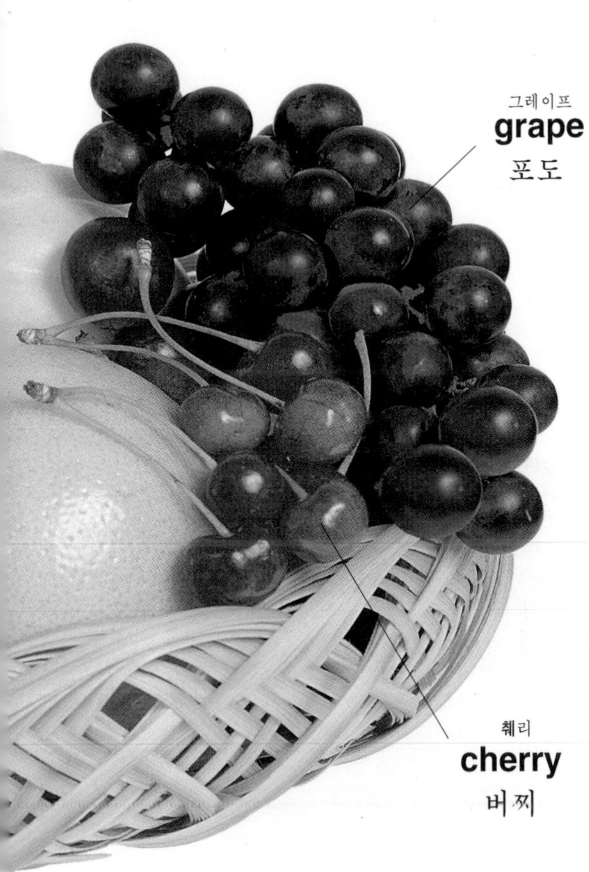
그레이프
grape
포도
췌리
cherry
버찌

f

full [ful 풀]

뜻 가득 찬

풀 어브 고울드
full of gold 금으로 가득 찬

f

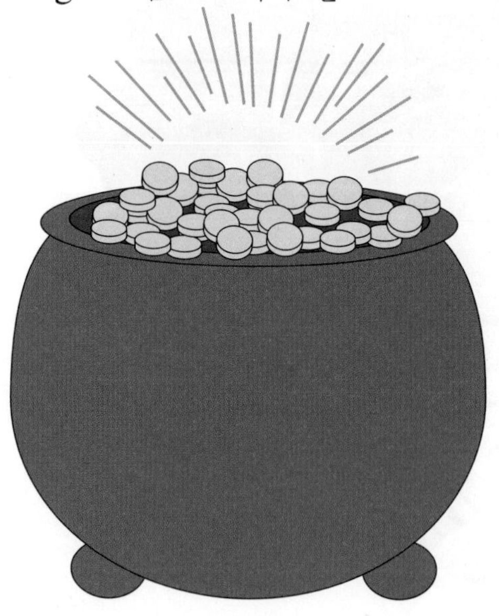

furniture

[fə́ːrnitʃər 퍼니춰]

뜻 가구

g

Gg

지

game [geim 게임]

뜻 게임, 경기, 시합

하키　　게임
hockey game 하키 시합

g

gas [gæs 개스]

뜻 가스, 기체

개스 라이터
gas lighter 가스 라이터

g

girl [gəːrl 걸]

뜻 소녀, 여자 아이

g

give [giv 기브]

뜻 주다, 바치다

아이 윌 기브 유
I will give you. 당신에게 줄게요.

glass [glæs 글래스]

뜻 유리, (유리)컵

g

glove [glʌv 글러브]

뜻 장갑, (야구의)글러브

풋 온 유어 글러브즈
Put on your gloves.
장갑을 끼세요.

g

go [gou 고우]

뜻 가다, 나아가다

g

God [gad 갇]

뜻 신, 하나님

갇 헬프 힘
God help him. 하나님, 그를 도와 주소서.

g

good [gud 굳]

뜻 좋은, 착한, 잘 하는

댓츠 굳
That's good.
좋아요!

g

grandmother

[grǽndmʌ̀ðər 그랜드머더]

뜻 할머니

g

grape [greip 그레이프]

뜻 포도, 포도나무

g

grow [grou 그로우]

뜻 자라나다, 성장하다

g

guitar [gitɑ́ːr 기타]

뜻 기타, 기타를 치다

g

h

Hh

에이취

hamburger

[hǽmbəːrgər 햄버거]

뜻 햄버거

h

hammer [hǽmər 해머]

뜻 망치, 해머

해머링
hammering
망치질

h

hand [hǽnd 핸드]

뜻 손

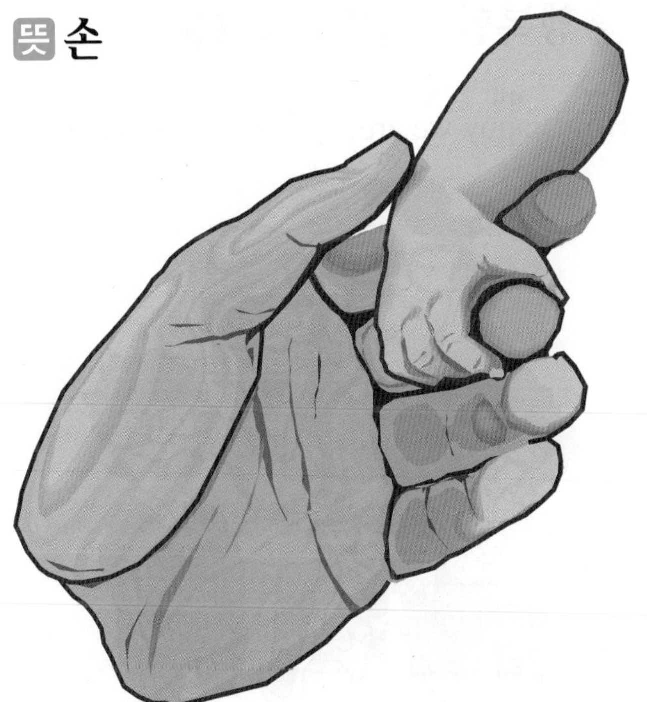

h

happy [hǽpi 해피]

뜻 행복한, 기쁜, 즐거운

하우 해피 위 아
How happy we are! 우리는 참 행복해요!

h

hat [hæt 햇]

뜻 (테 있는)모자

쉬 웨어즈 어 햇
She wears a hat. 그녀는 모자를 쓰고 있어요.

h

have [hæv 해브]

뜻 가지다, 가지고 있다

왓 두 유 해브
What do you have?
무엇을 가지고 계세요?

h

hear [hiər 히어]

뜻 듣다, 들리다

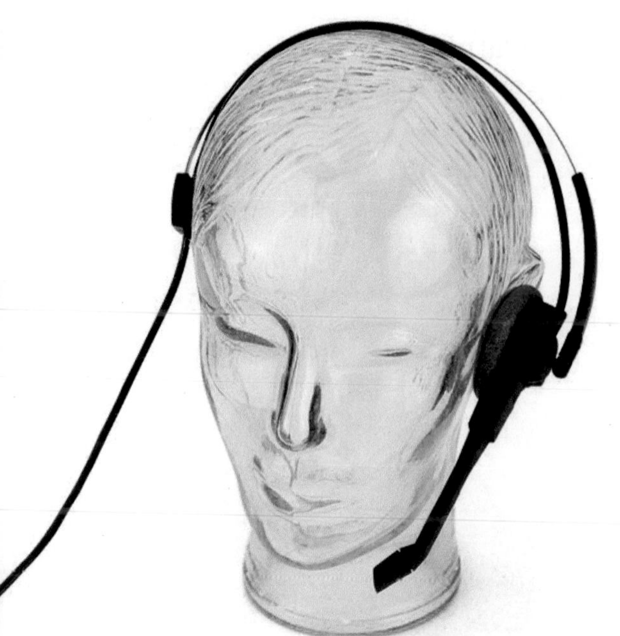

h

heart [haːrt 하트]

뜻 심장, 마음

쉬 해즈 어 웜 하트
She has a warm heart.
그녀는 따뜻한 마음씨를 가지고 있어요.

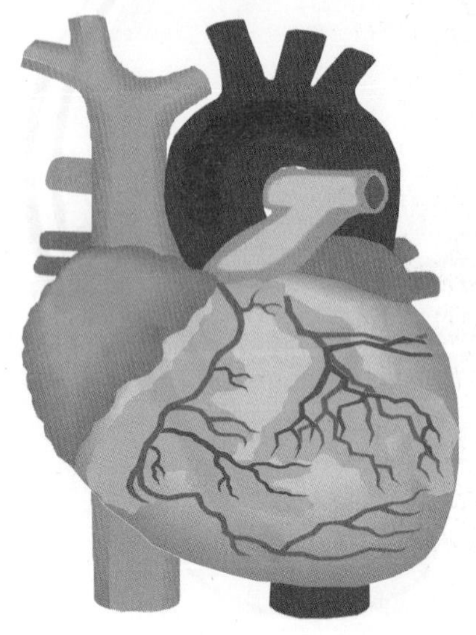

h

hello [helóu 헬로우]

뜻 여보세요, 안녕

h

hen [hen 헨]

hi [hai 하이]

뜻 안녕, 야아

h

hide [haid 하이드]

뜻 숨다, 감추다

하이드 앤드 씨크(하이덴 씨크)
hide-and-seek 숨바꼭질

h

hit [hit 히트]

뜻 때리다, 치다

h

home [houm 호움]

뜻 가정, 집, 고향

스위트 호움
sweet home
행복한 가정

h

horse [hɔːrs 호스]

뜻 말

h

hot [hɑt 핫]

뜻 더운, 뜨거운

어 핫 데이
a hot day 무더운 날

h

house [haus 하우스]

뜻 **집, 가옥**

아이 리브 인 디스 하우스
I live in this house. 나는 이 집에서 삽니다.

독하우스
doghouse
개집

h

how [hau 하우]

뜻 어떻게, 얼마나

하우 아 유
How are you? 어떻게 지내세요?

하우 두 유 두
How do you do? 처음 뵙겠어요.

h

hurry [hə́ːri 허리]

뜻 서두르다, 서두름

허리 업
Hurry up! 서두르세요!

h

Ii

아이

I [ai 아이]

뜻 나

아이 앰 어 보이
I am a boy. 나는 소년입니다.

idea [aidíə 아이디어]

뜻 생각, 착상

아이 해브 어 굿 아이디어
I have a good idea. 좋은 생각이 있어요.

i

in [in 인]

뜻 …안에

컴 인 플리즈
Come in please. 들어오세요.

i

insect [insékt 인섹트]

뜻 곤충, 벌레

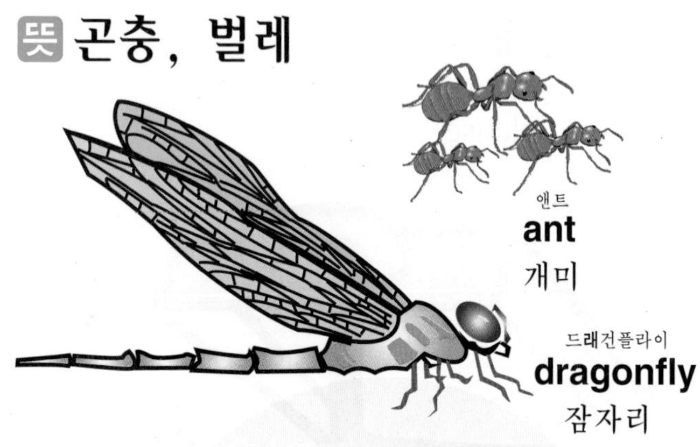

앤트
ant
개미

드래건플라이
dragonfly
잠자리

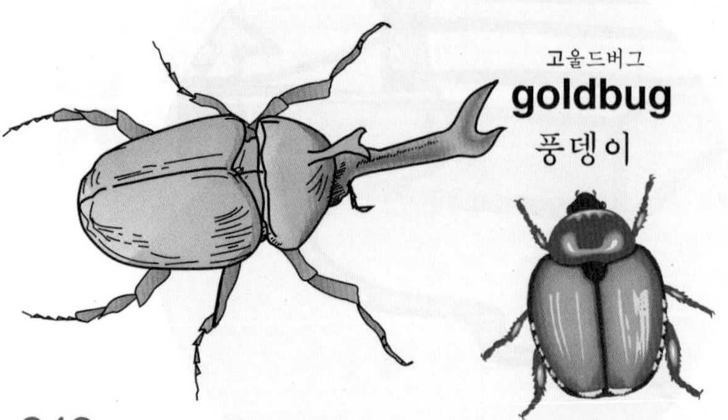

고울드버그
goldbug
풍뎅이

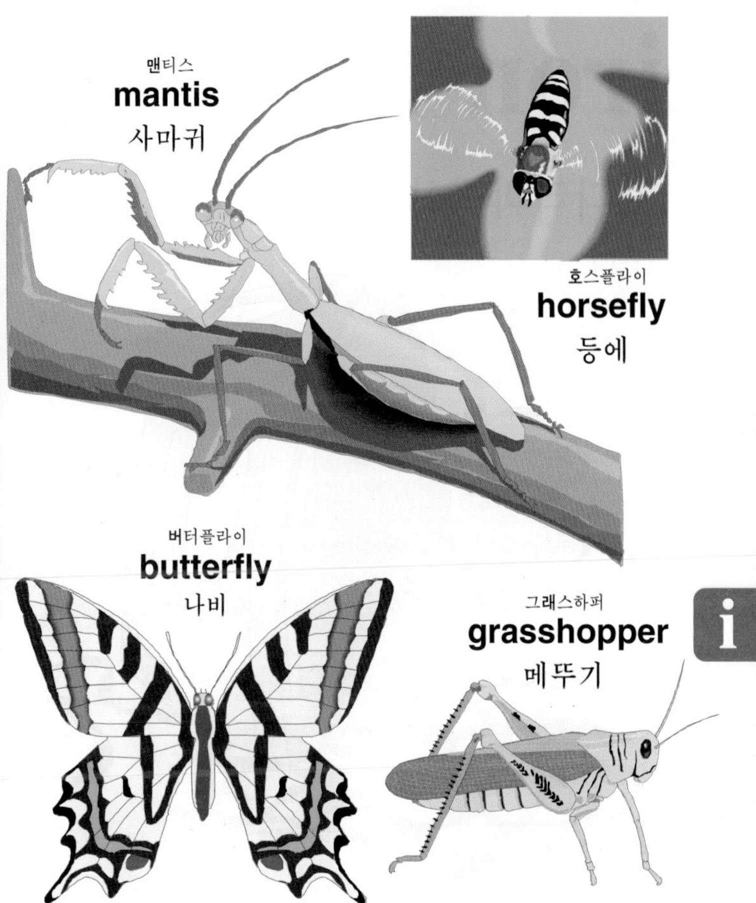
맨티스
mantis
사마귀
호스플라이
horsefly
등에
버터플라이
butterfly
나비
그래스하퍼
grasshopper
메뚜기

iron [áiərn 아이언]

뜻 다리미, 쇠

i

island [áilənd 아일런드]

 섬

i

j

제이

252 two hundred and fifty-two(투 헌드러드 앤드 피프티 투)

jam [dʒæm 잼]

뜻 잼

그레이프 잼
grape jam
포도 잼

j

job [dʒɑb 잡]

뜻 일, 직업

쏘울저
soldier
군인

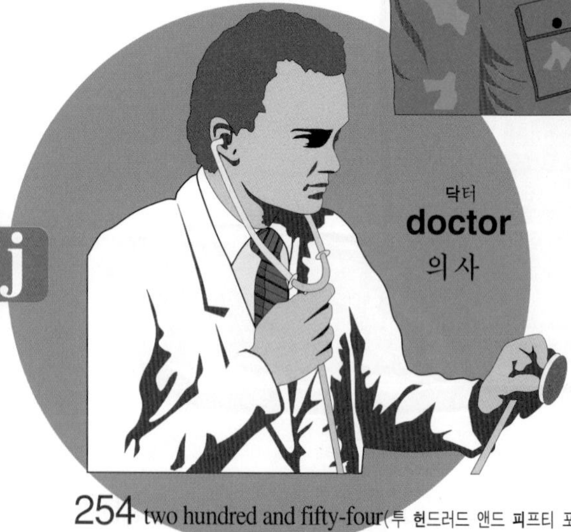

닥터
doctor
의사

j

파이어맨
fireman
소방관
싸이언티스트
scientist
과학자
너스
nurse
간호사

juice [dʒuːs 쥬스]

뜻 주스, 즙

j

jump [dʒʌmp 점프]

뜻 뛰다, 뛰어오르다

j

k

케이

258 two hundred and fifty-eight(투 헌드러드 앤드 피프티 에잇)

key [kiː 키]

뜻 열쇠

k

kick [kik 킥]

뜻 차다

킥 더 볼
Kick the ball!
공을 차세요!

오우버헤드 킥
overhead kick
오버해드 킥

k

kind [kaind 카인드]

뜻 친절한, 다정한

k

king [kiŋ 킹]

뜻 왕, 국왕

k

퀸
queen
여왕(반대말)

kiss [kis 키스]

뜻 키스, 입맞춤

k

kitchen [kítʃin 키친]

뜻 부엌

k

knife [naif 나이프]

뜻 나이프, 칼

나이브즈
knives
칼들

know [now 노우]

뜻 알다, 알고 있다

아이 돈(트) 노우
I don't know. 나는 모르겠어요.

k

Korea [kərí:ə 커리어]

뜻 **한국**

커리어 이즈 인 에이셔
Korea is in Asia.
한국은 아시아에 있어요.

k

l

엘

lady [léidi 레이디]

뜻 숙녀, 부인

1

large [lɑːrdʒ 라지]

뜻 큰, 넓은, 많은

하우 라지
How large!
야, 크다!

1

laugh [læf 래프]

뜻 웃다

히 이즈 래핑
He is laughing. 그는 웃고 있어요.

l

learn [ləːrn 런]

뜻 배우다

쉬 이즈 런닝 써핑
She is learning surfing.
그녀는 서핑(파도타기)을 배우고 있어요.

1

left [left 레프트]

뜻 왼쪽(의)

레프트 핸드
left hand 왼쪽 손

l

letter [létər 레터]

뜻 편지, 글자

아임 라이팅 어 레터 투 마이 프렌드
I'm writing a letter to my friend.
내 친구에게 편지를 쓰고 있어요.

l

library [láibrəri 라이브러리]

뜻 도서관

데어 이즈 어 라이브러리 인 디스 스쿨
There is a library in this school.
이 학교 안에는 도서관이 있습니다.

1

light [lait 라이트]

뜻 불빛, 불을 비추다

스위취 온 더 라이트
Switch on the light. 불을 켜라.

1

like [laik 라이크]

뜻 좋아하다

아이 라이크　　스킹잉
I like skiing. 나는 스키 타기를 좋아해요.

l

line [lain 라인]

뜻 줄, 선

1

lion [láiən 라이언]

뜻 사자

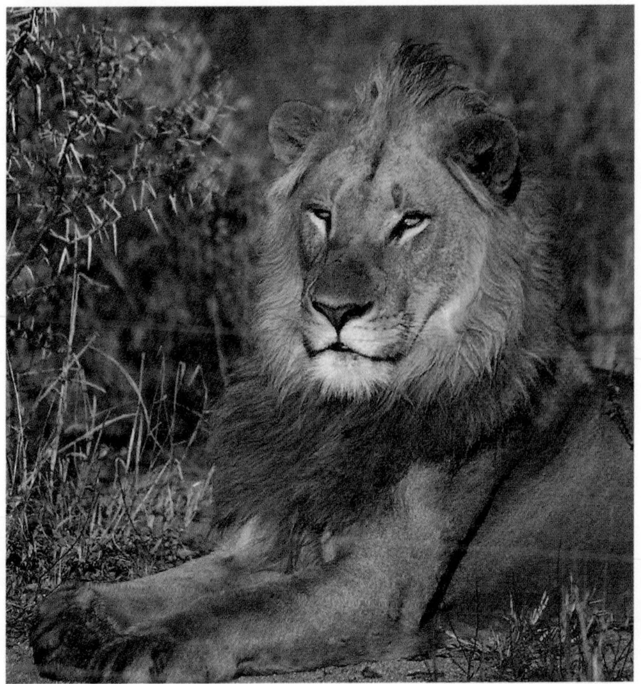

l

listen [lísn 리쓴]

뜻 듣다

리쓴 투 미
Listen to me. 내 말을 들어 보세요.

l

look [luk 룩]

뜻 보다

룩 앳 미
Look at me. 나를 보세요.

l

love [lʌv 러브]

뜻 사랑, 사랑하다

아이 러브 유
I love you. 나는 당신을 사랑합니다.

l

Mm

machine [məʃíːn 머쉰]

뜻 기계

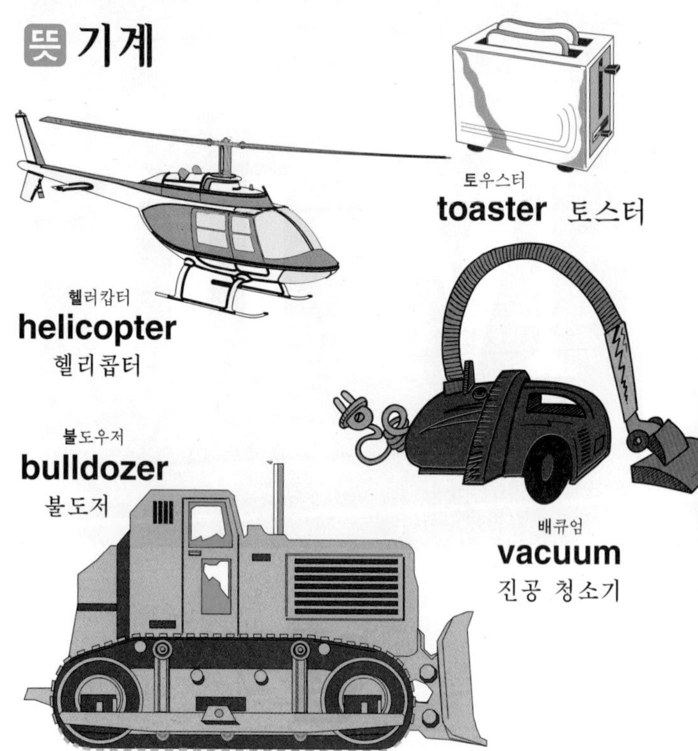

make [meik 메이크]

뜻 만들다

렛츠 메이크 어 토이
Let's make a toy.
장남감을 만듭시다.

man [mæn 맨]

뜻 남자, 인간, 사람

many [méni 메니]

뜻 많은, 많은 물건

메니 피플
many people 많은 사람들

marry [mǽri 매리]

뜻 결혼하다

창 호 매리드 아람
Chang-Ho married Aram.
창호는 아람과 결혼했어요.

medicine

[médsin 메드씬]

뜻 약, 약을 먹이다

melon [mélən 멜런]

뜻 참외, 멜론

milk [milk 밀크]

뜻 우유

m

mirror [mírər 미러]

뜻 거울

히 이즈 루킹 인 더 미러
He is looking in the mirror.
그는 거울을 보고 있어요.

Miss [mis 미쓰]

뜻 …양(미혼 여성의 성 · 이름 앞에 붙이는 말)

미쓰　킴
Miss Kim
김 양

money [mʌ́ni 머니]

뜻 돈, 금전

타임 이즈 머니
Time is money. 시간은 돈이다.

monkey [mʌ́ŋki 멍키]

뜻 원숭이

moon [muːn 문]

뜻 (하늘에 있는)달

어 뉴 문
a new moon 초승달

morning [mɔ́ːrniŋ 모닝]

뜻 아침

굿 모닝
Good morning!
안녕하세요.(아침 인사)

m

mother [mʌ́ðər 머더]

뜻 어머니

m

mountain

[mauntən 마운튼]

 산

mouth [mauθ 마우쓰]

뜻 **입**

셧 유어 마우쓰(셧츄어 마우쓰)
Shut your mouth!
입 다물어!

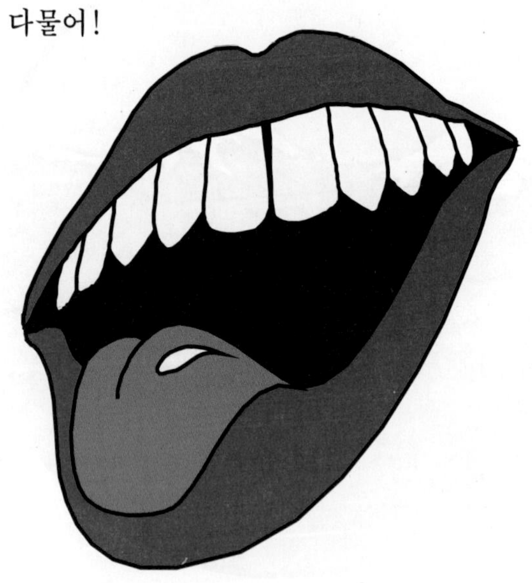

m

Mr. [místər 미스터]

뜻 …씨(남자의 성 · 이름 앞에 붙이는 말)

미스터 쟌 스미쓰
Mr. John Smith
존 스미스 씨

music [mjúːzik 뮤직]

뜻 음악, 아름다운 소리

아이 라이크 뮤직
I like music. 나는 음악을 좋아해요.

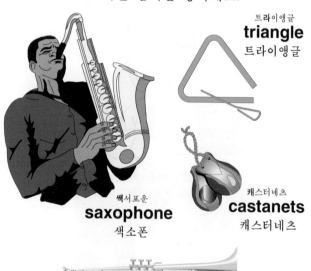

트라이앵글
triangle
트라이앵글

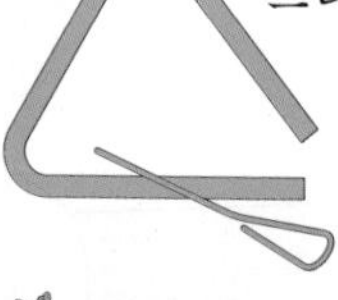

캐스터네츠
castanets
캐스터네츠

쌕서포운
saxophone
색소폰

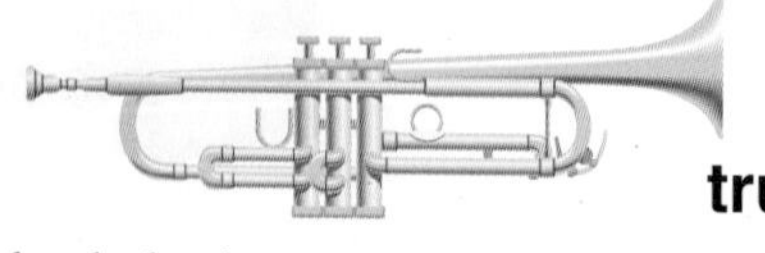

트럼핏
trumpet
트럼펫

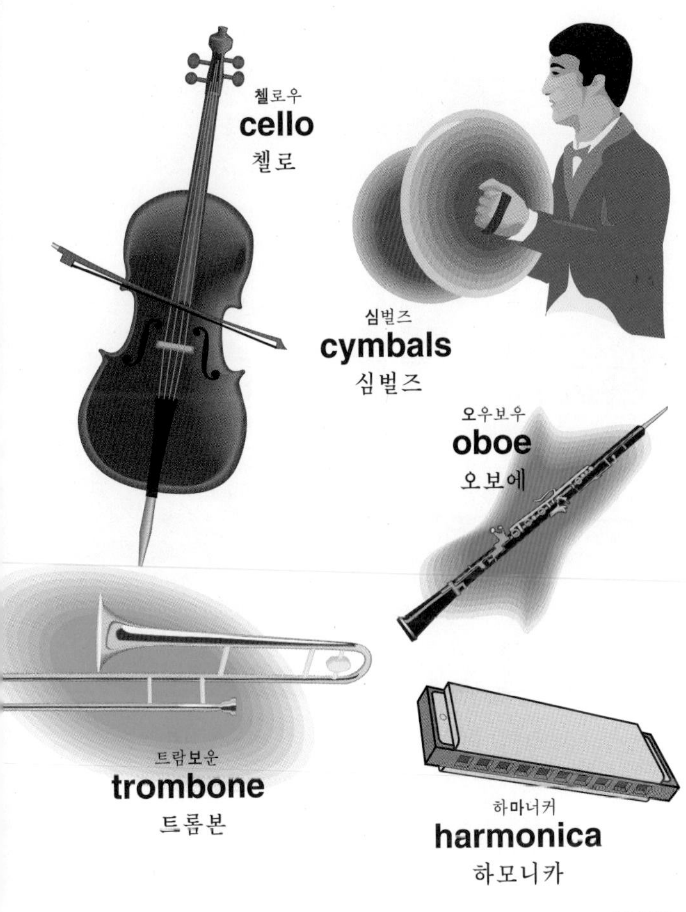
첼로우
cello
첼로
심벌즈
cymbals
심벌즈
오우보우
oboe
오보에
트람보운
trombone
트롬본
하마너커
harmonica
하모니카

m

Nn

nail [neil 네일]

뜻 손톱, 못

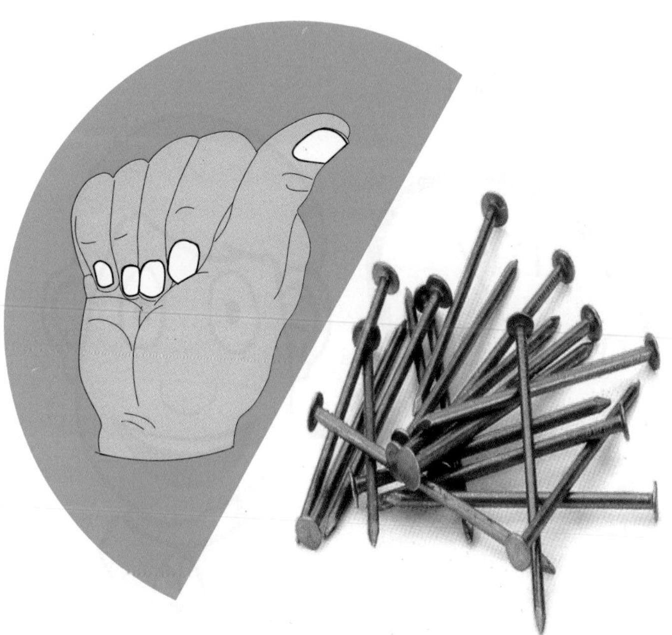

n

name [neim 네임]

뜻 **이름**

마이 네임 이즈 탐
My name is Tom.
내 이름은 탐이야.

n

new [nju: 뉴]

뜻 새로운

어 뉴 드레스
a new dress. 새 옷

n

news [njuːz 뉴즈]

뜻 뉴스, 소식

뉴즈페이퍼
newspaper
신문

night [nait 나이트]

뜻 밤

굿 나잇
Good night! 안녕히 주무세요.

n

number [nʌ́mbər 넘버]

뜻 수, 숫자, 번호

원
one(1)

투
two(2)

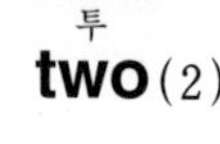

쓰리
three(3)

포
four(4)

텐
ten(10)

파이브
five(5)

나인
nine(9)

에잇
eight(8)

쎄븐
seven
(7)

씩쓰
six(6)

O

오우

O

OK [óukéi 오우케이]

뜻 좋다, 됐다, 괜찮다

on [ɔn 온]

뜻 …위에

데어 이즈 어 걸 온 슬라이드
There is a girl on slide.
미끄럼틀 위에 한 소녀가 있어요.

O

open [óupən 오우픈]

뜻 열다, 열린

오우픈 더 도
Open the door. 문을 열어라.

orange [ɔ́ːrindʒ 오린지]

O

뜻 오렌지

O

organ [ɔ́ːrgən 오건]

뜻 오르간

Pp

paint [peint 페인트]

p

뜻 칠하다, 그리다, 물감

pair [pεər 페어]

p

뜻 쌍, 켤레

어 페어 어브 스네이크
a pair of sneaker 운동화 한 켤레

parent [pέərənt 페어런트]

p

뜻 어버이, 부모

하우 아 유어 페어런트

How are your parent?

부모님은 잘 계신가요?

pencil [pénsəl 펜슬]

p

뜻 연필

디스 이즈 어 옐로우 펜슬
This is a yellow pencil.
이것은 노란색 연필입니다.

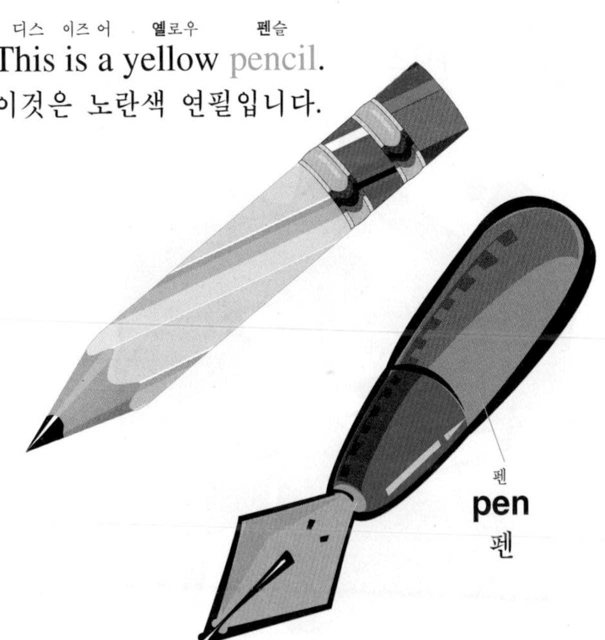

piano [piǽnou 피애노우]

p

뜻 피아노

피애니스트
pianist 피아니스트

picture [píktʃər 픽춰]

p

뜻 그림, 사진, 영화

pig [pig 피그]

p

뜻 돼지

pilot [páilət 파일럿]

P

뜻 조종사

어 제트 파일럿
a jet pilot 제트기 조종사

pin [pin 핀]

p

뜻 핀

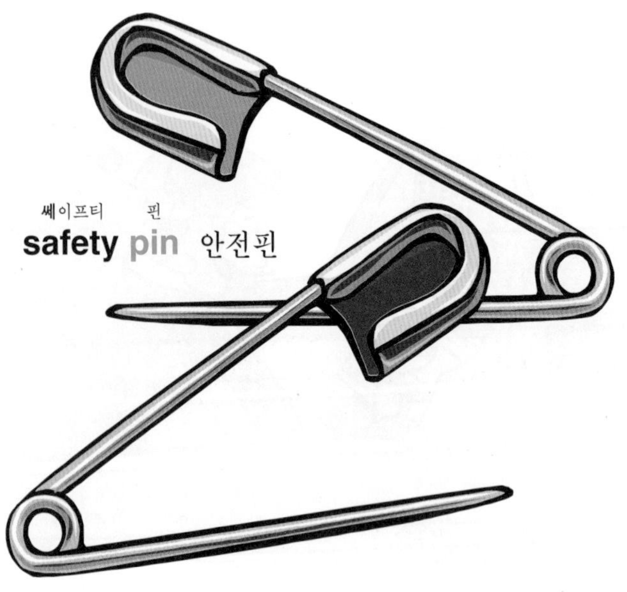

쎄이프티 핀
safety pin 안전핀

pineapple

[páinæ̀pl 파인애플]

p

뜻 파인애플

pipe [paip 파이프]

p

뜻 **관, (담배)파이프**

plan [plæn 플랜]

P

뜻 계획(하다), 설계도

위 아 플래닝 어 피씽
We are planning a fishing.
우리는 낚시 계획을 세우고 있어요.

play [plei 플레이]

p

뜻 놀다, 연주하다, 연기하다

히 이즈 플레잉 온 더 피애노우
He is playing on the piano.
그는 피아노를 치고 있어요.

police [pəlíːs 펄리스]

p

뜻 경찰, 경찰관

pool [pu:l 풀]

p

뜻 수영장, 못, 웅덩이

스위밍 풀
swimming pool 수영장

poor [puər 푸어]

p

뜻 가난한, 불쌍한

어 푸어 걸
a poor girl 불쌍한 소녀

post [póust 포우스트]

p

뜻 우편, 우체통

테이크 디스 레터 투 더 포우스트
Take this letter to the post.
이 편지를 부쳐 주세요.

potato [pətéitou 퍼테이토우]

P

뜻 감자

present [préznt 프레즌트]

p

뜻 ①출석한, 지금, 현재
②선물

어 크리스머스 프레즌트
a Christmas present
크리스마스 선물

Qq

queen [kwiːn 퀸]

뜻 여왕

q

question [kwéstʃən 퀘스천]

뜻 질문, 물음

앤써 마이 퀘스천
Answer my question.
나의 질문에 답하세요.

q

quick [kwik 퀵]

뜻 빠른, 빨리

q

비 퀵
Be quick!
빨리 하세요!

r

아르

radio [réidiou 레이디오우]

뜻 라디오

아이 해브 어 레이디오우
I have a radio.
나는 라디오 한 대를 가지고 있어요.

r

rain [rein 레인]

뜻 비, 비가 오다

잇 이즈 레이닝
It is raining. 비가 오고 있어요.

r

read [ri:d 리드]

뜻 읽다, 독서하다

아이 앰 리딩 북스
I am reading books.
나는 책을 읽고 있어요.

r

record [rikɔ́ːrd 리코드]

뜻 ①녹음하다, 기록하다
②음반, 기록([rékərd 레커드]로 발음)

r

red [red 레드]

뜻 빨간색, 빨강

레드 카네이션

red carnation 빨간 카네이션

r

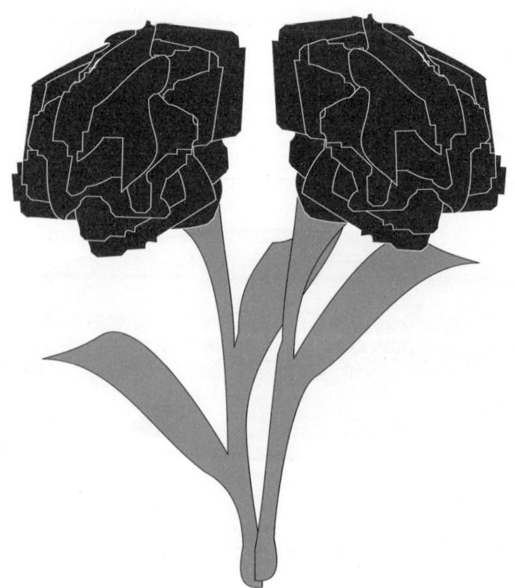

rest [rest 레스트]

뜻 쉬다, 휴식

유　　니드　어 레스트
You need a rest.
당신은 휴식이 필요해요.

r

ribbon [ríbən 리번]

뜻 리본

더 캣 웨어즈 어 리번
The cat wears a ribbon.
그 고양이는 리본을 하고 있어요.

r

rice [rais 라이스]

뜻 밥, 쌀, 벼

어 라이스 필드
a rice field 논, 무논

r

ride [raid 라이드]

뜻 타다, 타기

히 이즈 라이딩 어 호스
He is riding a horse.
그는 말을 타고 있어요.

r

right [rait 라이트]

뜻 ①오른쪽의
②옳은, 정확한

r

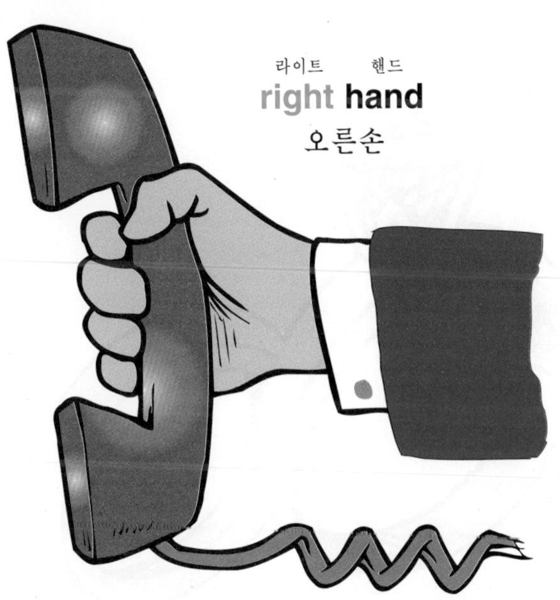

라이트 핸드
right hand
오른손

ring [riŋ 링]

뜻 ①반지, 고리, 바퀴
②울다, 울리다

r

어 다이어먼드 링
a diamond ring 다이아몬드 반지

river [rívər 리버]

뜻 강, 내

r

robot [róubət 로우벗]

뜻 로보트, 인조 인간

r

rocket [rákit 라킷]

뜻 로켓

r

roof [ru:f 루프]

뜻 지붕

블루　　루프
blue roof
파란색 지붕

r

rose [rouz 로우즈]

뜻 장미, 장미꽃, 장미색

어 레드 로우즈
a red rose
붉은 장미

round [raund 라운드]

뜻 동그란, 원, 빙 돌아

디 어쓰 무브즈 라운드 더 썬
The earth moves round the sun.
지구는 태양의 둘레를 돕니다.

r

run [rʌn 런]

뜻 달리다, 흐르다

독 런즈 베리 패스트
Dog **runs** very fast. 개는 매우 빨리 달려요.

r

S

Ss

에스

sad [sæd 쌔드]

뜻 슬픈

아이 앰 쌔드
I am sad.

나는 슬퍼요.

S

safe [seif 쎄이프]

뜻 ①안전한, 무사히 ②금고

히 케임 호움 쎄이프
He came home safe.
그는 무사히 집에 돌아왔습니다.

S

sand [sænd 샌드]

뜻 모래

S

샌드 캐쓸
sand castle
모래성

say [sei 쎄이]

뜻 말하다

쎄이 왓 유 씽크
Say what you think.
당신이 생각하고 있는 것을 말하세요.

S

school [sku:l 스쿨]

뜻 학교, 수업

스쿨 비긴즈 앳 나인
School begins at nine.
학교(수업)는 9시에
시작해요.

S

sea [si: 씨]

뜻 바다

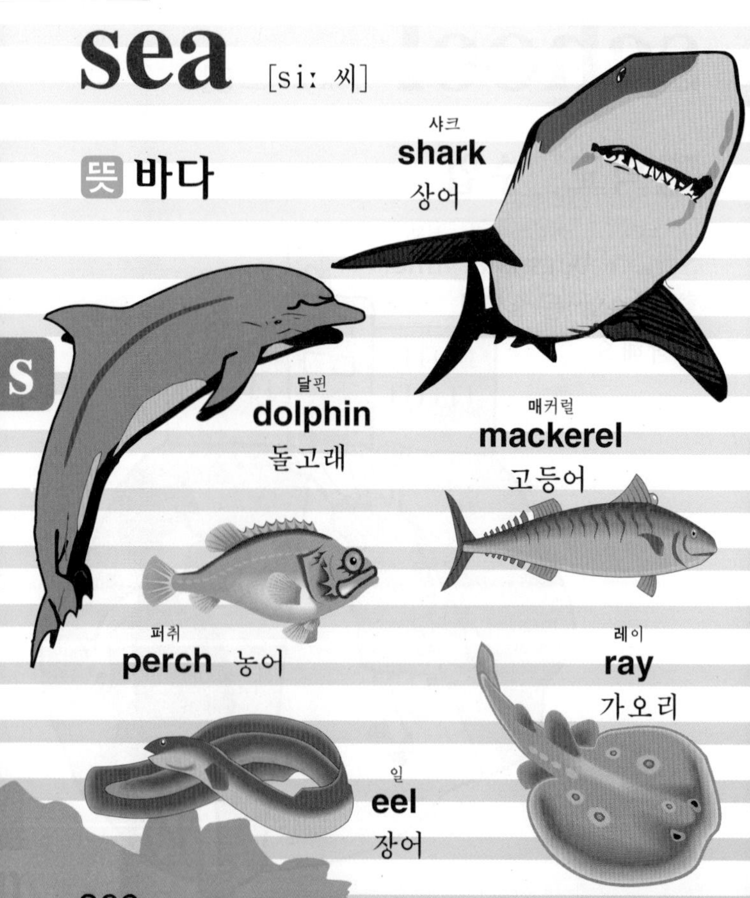

샤크
shark
상어
달핀
dolphin
돌고래
매커럴
mackerel
고등어
퍼취
perch 농어
레이
ray
가오리
일
eel
장어

S

훼일
whale 고래

S

스퀴드
squid
오징어

말린
marlin
청새치

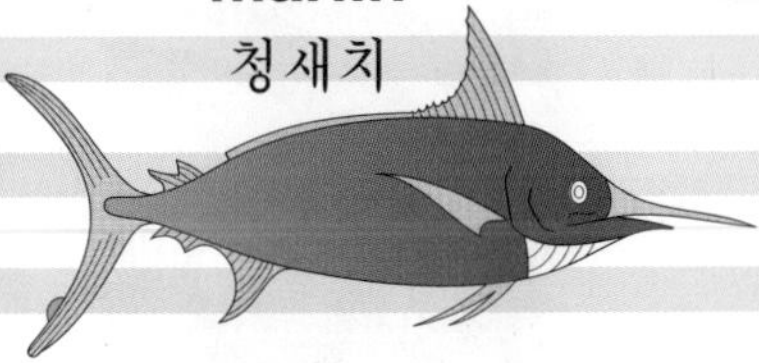

헤링
herring 청어

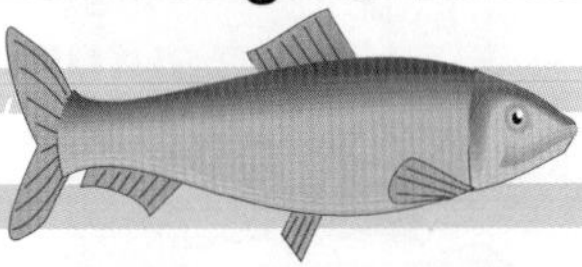

터틀
tutle
거북

season [síːzn 씨즌]

뜻 계절

데어 아 포 씨즌즈 인 어 이여
There are four seasons in a year.
1년에는 네 계절이 있습니다.

S

see [si: 씨]

뜻 보다, 만나다

씨 유 터마로우
See you tomorrow.
내일 만나요.

S

sell [sel 셀]

뜻 팔다, 팔리다

디스 피쉬 셀즈 웰
This fish sells well.
이 생선은 잘 팔립니다.

S

service [sə́:rvis 써비스]

뜻 서비스, 봉사, 시중들기

S

she [ʃiː 쉬]

뜻 그 여자는

쉬 이즈 제인
She is Jane. 그 여자는 제인입니다.

S

sheep [ʃiːp 쉬프]

뜻 양

S

ship [ʃip 쉽]

뜻 (대형의) **배**

히 웬(트) 투 어메리커 바이 쉽
He went to America by ship.
그는 배를 타고 미국으로 갔어요.

S

sign [sain 싸인]

뜻 ①기호, 표시, 신호
②사인하다, 서명하다

sing [siŋ 씽]

뜻 노래하다, 지저귀다

쉬 씽즈 웰
She sings well. 그녀는 노래를 잘 불러요.

S

sit [sit 씻]

뜻 앉다

씻 다운 플리즈
Sit down, please.
앉으세요.

S

size [saiz 싸이즈]

뜻 크기, 치수

라지 싸이즈
large size
큰 치수

S

sky [skai 스카이]

뜻 하늘

S

sleep [sli:p 슬리프]

뜻 자다, 잠

더 보이 이즈 슬리핑

The boy is sleeping.

그 소년은 자고 있어요.

S

slide [slaid 슬라이드]

뜻 미끄럼틀, 미끄러지다

S

slow [slou 슬로우]

뜻 느린, 천천히

데이 아 슬로우 러너스
They are slow runners.
그들은 달리는 것이 느립니다.

S

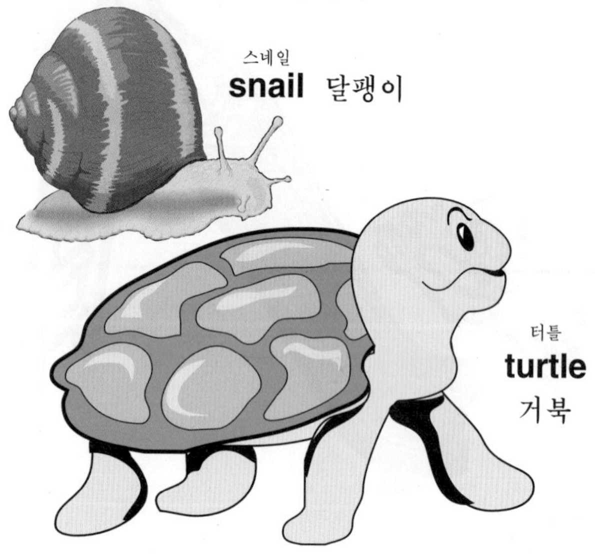

small [smɔ:l 스몰]

뜻 작은

룩 앳 댓 스몰 피쉬
Look at that small fish.
저 작은 물고기를 보세요.

S

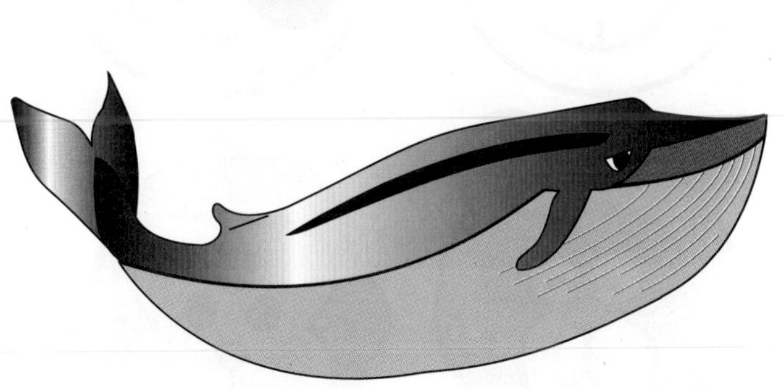

smile [smail 스마일]

뜻 미소, 미소짓다

S

smoke [smouk 스모우크]

뜻 연기, 담배를 피우다

S

snow [snou 스노우]

뜻 눈, 눈이 오다

S

스노우맨
snowman 눈사람

soccer [sάkər 싸커]

뜻 축구

렛츠 플레이 싸커
Let's play soccer. 축구하자.

S

sock [sak 싹]

뜻 짧은 양말

어 페어 어브 싹스
a pair of socks 양말 한 켤레

S

참고 긴 양말은 stocking (스타킹)

soft [sɔːft 쏘프트]

뜻 부드러운, 상냥한

쏘프트 헤어
soft hair 매끄러운 머리칼

S

son [sʌn 썬]

뜻 아들

S

song [sɔŋ 쏭]

뜻 노래, 소리

쉬 씽즈 어 쏭
She sings a song. 그녀는 노래를 부르고 있어요.

S

sorry [sɔ́ːri 쏘리]

뜻 미안합니다, 슬픈

아임 쏘리
I'm sorry.
미안합니다.

S

sound [saund 싸운드]

뜻 소리, 소리나다, 들리다

더　　뮤직　　싸운즈　　굿
The music sounds good.
좋은 음악입니다.

S

space [speis 스페이스]

뜻 우주, 공간, 장소

스페이스 스테이션
space station
우주 정거장

스페이스쉽
spaceship
우주선

어쓰
earth
지구

머큐리
Mercury
수성

썬
sun
해

비너스
Venus
금성

스페이스맨
spaceman
우주 비행사

주피터
Jupiter
목성

마즈
Mars
화성

스페이스 셔틀
space shuttle
우주 왕복선

S

speak [spi:k 스피크]

뜻 이야기하다, 말하다

S

spider [spaidər 스파이더]

뜻 거미

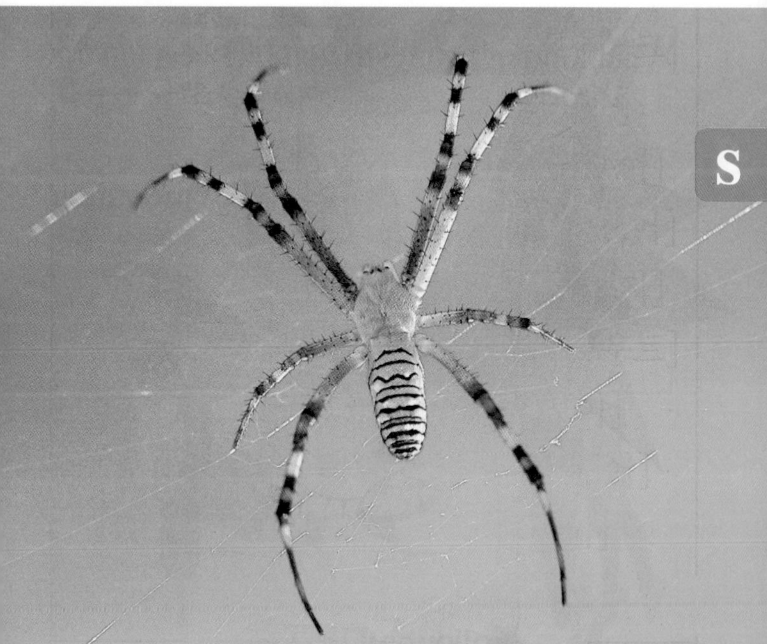

S

sport [spɔːrt 스포트]

뜻 운동, 경기, 스포츠

왓 카인드 어브 스포츠 두 유 라이크 베스트
What kind of sports do you like best?
당신은 무슨 운동을 제일 좋아합니까?

S

짐내스틱스
gymnastics
체조

발리볼
volleyball 배구

핑퐁
pingpong
탁구

필드 하키
field hockey
필드하키

매러싼
marathon 마라톤

S

풋볼
football
미식 축구

stair [stεər 스테어]

뜻 계단

S

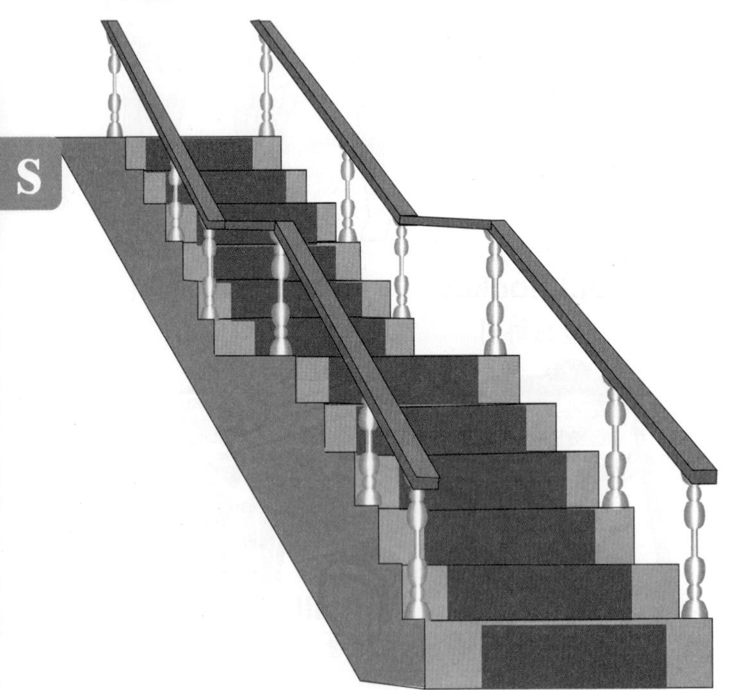

stamp [stæmp 스탬프]

뜻 우표, 스탬프(를 찍다)

S

stand [stænd 스탠드]

뜻 ①서다, 서 있다
②관람석

스탠드 업 플리즈
Stand up, please. 일어서세요.

S

star [staːr 스타]

뜻 별, 인기 배우

더 스타즈 튕클 앳 나이트
The stars twinkle at night.
별은 밤에 빛나지요.

S

start [stɑːrt 스타트]

뜻 **출발**(하다), **시작**(하다)

S

station [stéiʃən 스테이션]

뜻 역, 정거장

S

stick [stik 스틱]

뜻 지팡이, 막대기

S

stop [stap 스탑]

뜻 멈추다, 그만두다

S

store [stɔːr 스토]

뜻 가게, 상점

아임 고우잉 투 더 프루트 스토
I'm going to the fruit store.
나는 과일 가게에 가고 있어요.

S

story [stɔ́ːri 스토리]

뜻 이야기

스토리 북
story book
이야기책

S

strawberry

[strɔ́ːbèri 스트로베리]

뜻 딸기

S

strike [straik 스트라이크]

뜻 ①치다, 부딪치다
②(야구의)스트라이크

S

strong [strɔŋ 스트롱]

뜻 강한, 힘센

히 해즈 스트롱 암즈
He has strong arms. 그는 팔의 힘이 셉니다.

S

study [stʌ́di 스터디]

뜻 공부하다, 연구하다

쉬 이즈 스터딩 잉글리쉬
She is studing English.
그녀는 영어를 공부하고 있어요.

S

subway [sʌ́bwèi 써브웨이]

뜻 지하철

써브웨이 트레인
subway train
지하철 열차

sun [sʌn 썬]

뜻 **태양, 해, 햇빛**

더 썬 라이지즈 인 디 이스트
The sun rises in the east.
해는 동쪽에서 뜨지요.

S

supermarket

[sjúːpərmaːrkit 슈퍼마킷]

뜻 슈퍼마켓

S

swim [swim 스윔]

뜻 수영하다, 헤엄치다

S

swing [swiŋ 스윙]

뜻 ①흔들다, 흔들리다
②그네

S

switch [swiʃ 스위치]

뜻 스위치

S

t

티

table [téibl 테이블]

뜻 테이블, 탁자

데이 아 앳 테이블

They are at table.
그들은 식사 중입니다.

t

tall [tɔːl 톨]

뜻 키가 큰

하우 톨 아 유
How tall are you?
너는 키가 얼마나 되니?

저래프
giraffe
기린

t

tape [teip 테이프]

뜻 테이프, 좁고 납작한 끈

t

tea [ti: 티]

뜻 (마시는)**차**

플리즈 해브 어 컵 어브 티
Please have a cup of tea.
차 한 잔 드세요.

t

teach [tiːtʃ 티취]

뜻 가르치다

telephone

[téləfòun **텔**러포운]

뜻 전화, 전화기

television

[téləviʒən 텔러비전]

뜻 텔레비전

아이 와취 텔러비전 애프터 디너
I watch television after dinner.
나는 저녁 식사 후에 텔레비전을 봐요.

t

tennis [ténis 테니스]

뜻 테니스, 정구

캔 유 플레이 테니스
Can you play tennis? 테니스 할 줄 아세요?

t

test [test 테스트]

뜻 **테스트**(하다), **시험**(하다)

t

thank [θæŋk 쌩크]

뜻 감사, 감사하다

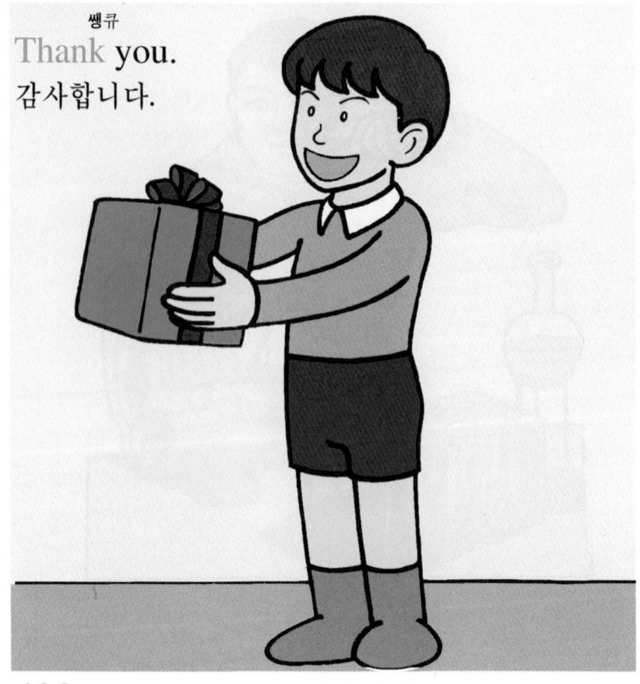

t

that [ðæt 댓]

뜻 저것(은), 저것(의)

왓츠 댓
What's that?
저것이 뭐야?

t

the [ðə 더, ði 디]

뜻 그

더 독
the dog
그 개

더 캣
the cat
그 고양이

there [ðɛər 데어]

뜻 거기에, 그 곳에, 거기서

아이 고우 데어 에브리데이
I go there everyday.
나는 매일 그 곳에 갑니다.

t

thing [θiŋ 씽]

뜻 물건, 것

어 랏 어브 씽즈
a lot of things
많은 물건들

t

think [θiŋk 씽크]

뜻 **생각하다**

씽커
thinker
생각하는 사람

t

this [ðis 디스]

뜻 이것, 이

디스 이즈어 레터
This is a letter. 이것은 편지입니다.

t

throw [θrou 쓰로우]

뜻 던지다

쓰로우 더 볼 투 미
Throw the ball to me. 나에게 공을 던져라.

t

ticket [tíkit 티킷]

뜻 표, 승차권

어 버스 티킷
a bus ticket
버스표

t

tiger [táigər 타이거]

뜻 호랑이

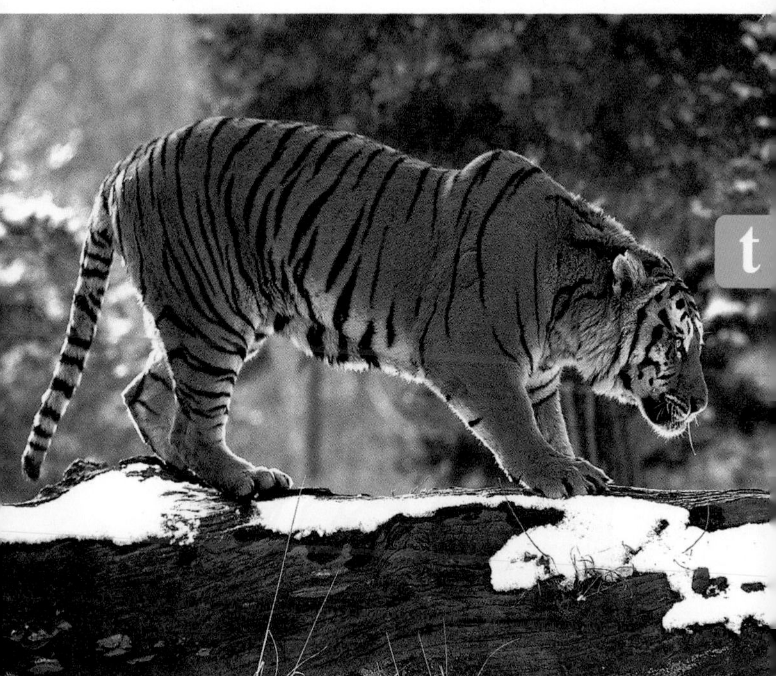

t

time [taim 타임]

뜻 시간, 때

아이 해브 노우 타임 투 스페어
I have no time to spare.
나는 지금 시간이 급해요.

t

today [tədéi 터데이]

뜻 오늘, 오늘은

터데이 이즈 썬데이
Today is Sunday.
오늘은 일요일입니다.

t

tomato

[təméitou 터메이토우]

뜻 토마토

t

tool [tu:l 툴]

뜻 도구, 연장

t

tooth [tu:θ 투쓰]

뜻 이

t

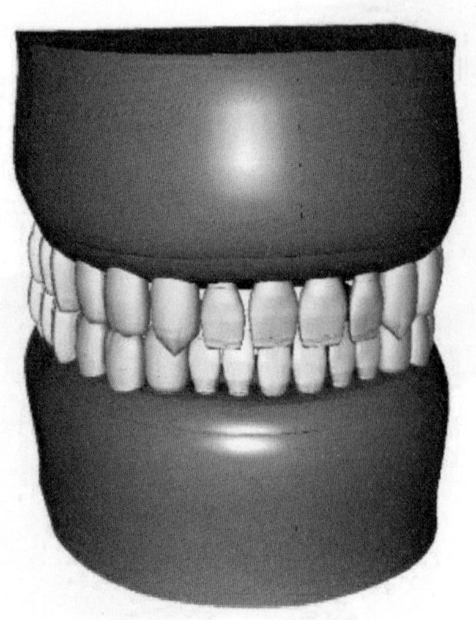

top [tap 탑]

뜻 꼭대기, 첫째의

탑 어브 더 타우어
top of the tower
탑 꼭대기

타우어
tower
탑

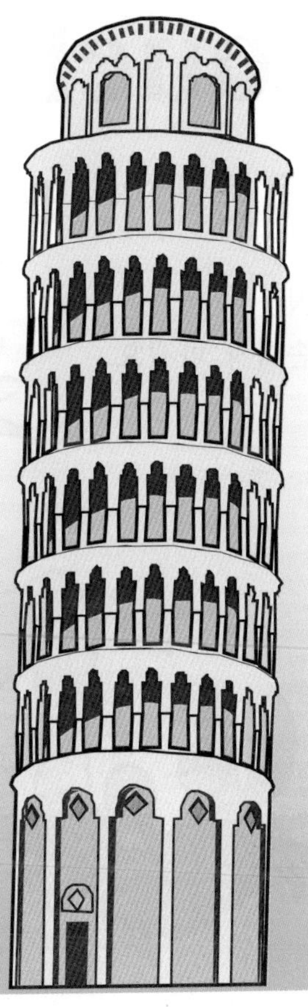

t

touch [tʌtʃ 터취]

뜻 손대다, 만지다

노우 터취
No touch!
손대지 마세요.

t

toy [tɔi 토이]

뜻 장난감

데이 아 플레잉 위드 토이즈
They are playing with toys.
그들은 장난감을 가지고 놀고 있어요.

t

train [trein 트레인]

뜻 열차, 기차

아이 고우 터 스쿨 바이 트레인
I go to school by train.
나는 기차로 통학합니다.

t

tree [tri: 트리]

뜻 나무

애플 트리
apple tree
사과나무

t

truck [trʌk 트럭]

뜻 트럭, 화물 자동차

t

turn [təːrn 턴]

뜻 돌리다, 돌다

턴 투 더 레프트 앳 더 코너
Turn to the left at the corner.
모퉁이에서 왼쪽으로 도세요.

t

Uu

u

유

452 four hundred and fifty-two(포 헌드러드 앤드 피프티 투)

UFO [jú:efóu 유에프오우]

뜻 **비행 접시**(미확인 비행 물체)

u

umbrella

[ʌmbrélə 엄브렐러]

뜻 우산

u

under [ʌ́ndər 언더]

뜻 …밑에

언더 더 테이블
under the table 테이블 밑에

understand

[ʌ̀ndərstǽnd 언더스탠드]

뜻 **이해하다, 알다**

두 유 언더스탠드
Do you understand? 이해하시겠어요?

u

uniform

[jú:nəfɔ̀:rm 유너폼]

뜻 유니폼, 제복

데이 아 인 유너폼
They are in uniform.
그들은 제복을 입고 있어요.

u

university

[juːnəvə́ːrsəti 유너버서티]

뜻 (종합)대학교

유너버서티 스튜던트
university student
대학생

up [ʌp 업]

뜻 ①위로, 위에
②일어나서

룩 업(루컵)
look up
쳐다보다

u

use [juːz 유즈]

뜻 **사용(하다), 쓰다**

메이 아이 유스 디스
May I use this? 이것을 써도 될까요?

u

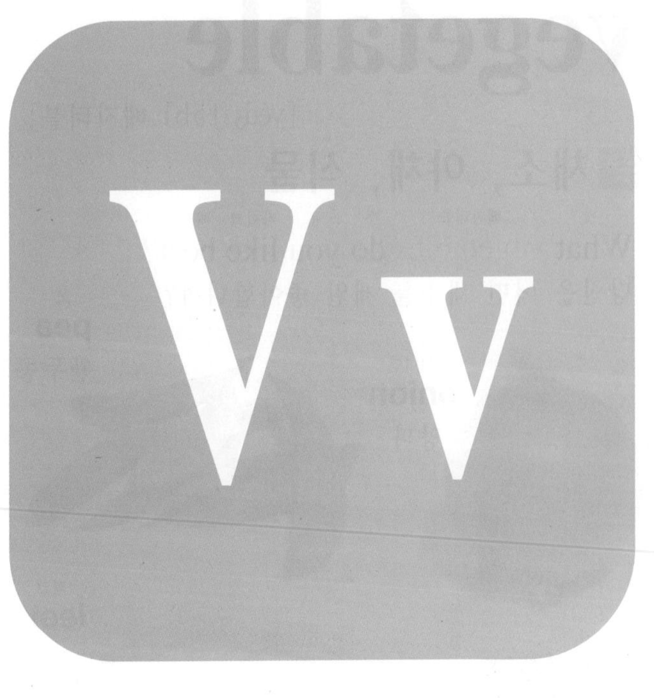

비

vegetable

[védʒitəbl 베지터블]

뜻 채소, 야채, 식물

왓 베지터블 두 유 라이크 베스트
What vegetables do you like best?
당신은 어떤 채소를 제일 좋아합니까?

어니언
onion
양파

피
pea
완두콩

리크
leek
파

퍼테이토우
potato
감자

V

페퍼
pepper
고추
레티스
lettuce
양상추
에그플랜트
eggplant
가지
갈릭
garlic
마늘
큐컴버
cucumber
오이
캐럿
carrot
당근
V

vehicle [ví:kl 비클]

뜻 **탈것, (운반)차**

블림프
blimp
비행선

케이블 카
cable car
케이블 카

토우 트럭
tow truck
견인차

헬리캅터
helicopter
헬리콥터

V

에어플레인
airplane
비행기

레이씽 카
racing car
경주용 자동차

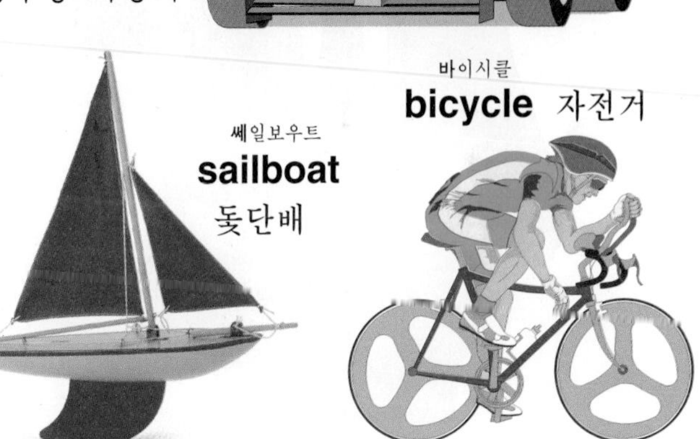

바이시클
bicycle 자전거

쎄일보우트
sailboat
돛단배

very [véri 베리]

뜻 매우, 아주

베리　　굿
Very good!
매우 좋아요!

V

victory [víktəri 빅터리]

뜻 승리

V

video [vídiòu 비디오우]

뜻 비디오의, 영상

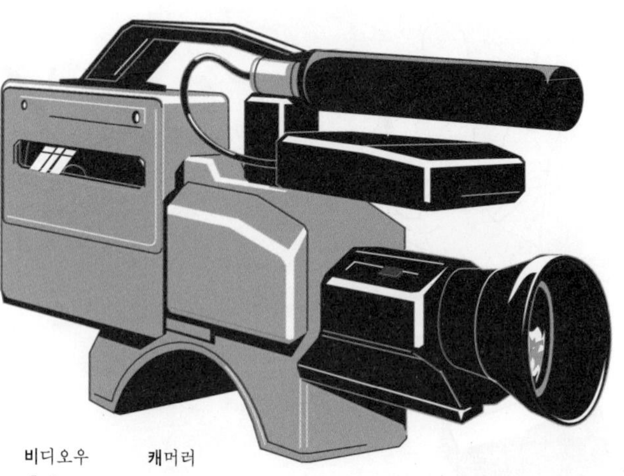

비디오우 캐머러
video camera
비디오 카메라

V

violin [vaiəlín 바이얼린]

뜻 바이올린

히 플레이즈 더 바이얼린 웰
He plays the violin well.
그는 바이얼린 연주를 잘 합니다.

V

visit [vízit 비짓]

뜻 방문, 방문하다

V

Ww

더블유

walk [wɔːk 워크]

뜻 걷다, 산보, 산보하다

아이 워크 터 스쿨
I walk to school.
나는 걸어서 학교에 갑니다.

W

war [wɔːr 워]

뜻 전쟁

W

wash [wɑʃ 와쉬]

뜻 씻다, 세탁하다

watermelon

[wɔ́:tərmelən 워터멜런]

뜻 수박

W

way [wei 웨이]

뜻 길, 거리

이즈 디스 더 웨이 투 서울
Is this the way to Seoul?
이것이 서울로 가는 길인가요?

W

we [wiː 위]

뜻 우리들은, 우리들이

위 아 퓨펄스
We are pupils. 우리들은 학생입니다.

W

wear [wέər 웨어]

뜻 입다, 신다, 끼다

히 웨어즈 어 블루 햇
He wears a blue hat.
그는 파란 모자를 쓰고 있어요.

W

welcome [wélkəm **웰**컴]

뜻 **환영**(하다)

웰컴 투 서울
Welcome to Seoul!
서울에 온 것을 환영합니다!

W

what [*h*wat 홧, 왓]

뜻 무엇, 어떤 것

왓 타임 이즈 잇 나우
What time is it now? 지금 몇 시입니까?

W

white [*h*wait 화이트, 와이트]

뜻 흰, 흰색

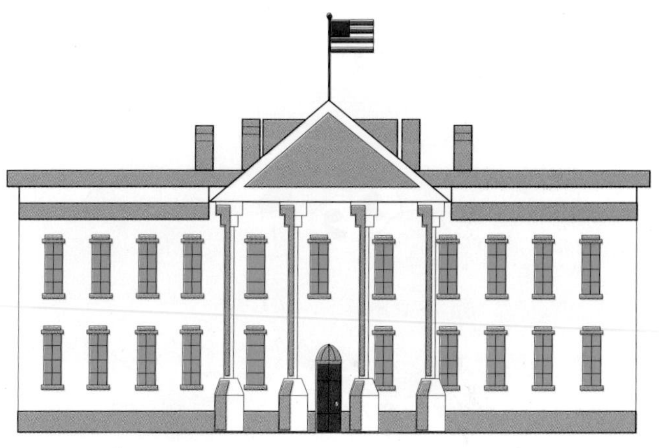

와이트 하우스
White House

백악관(미국 대통령이 사는 곳)

W

why [*h*wai 화이, 와이]

뜻 왜, 어째서

아이 돈(트) 노우 와이
I don't know why.
이유를 잘 모르겠는데요.

W

wind [wind 윈드]

뜻 바람

W

window [wíndou 윈도우]

뜻 **창문**

오우픈 더 윈도우
Open the window. 창문을 열어라.

W

wing [wiŋ 윙]

뜻 날개

W

winter [wíntər 윈터]

뜻 겨울

W

with [wið 위드]

뜻 …와 함께

위드 머더
with mother
어머니와 함께

W

woman [wúmən 우먼]

뜻 부인, 여성, 여자

후 이즈 댓 우먼
Who is that woman? 저 여자는 누구예요?

W

work [wəːrk 워크]

뜻 일(하다), 공부(하다)

히 워크스 하드
He works hard. 그는 열심히 일(공부)합니다.

W

world [wəːrld 월드]

뜻 **세계, 세상**

어 트립 어라운드 더 월드
a trip around the world
세계 일주 여행

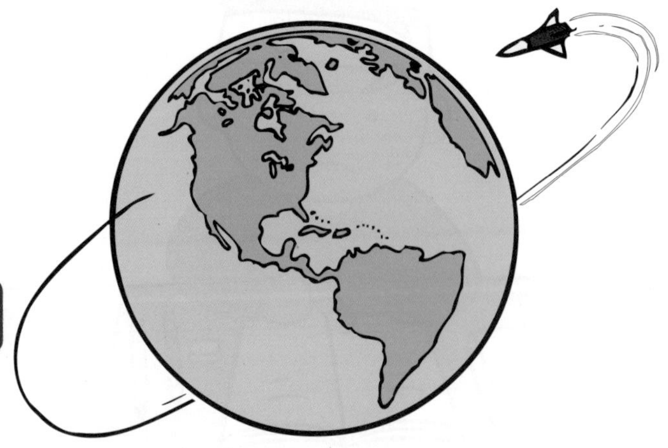

W

write [rait 라이트]

뜻 쓰다

히 이즈 라이팅 어 레터
He is writting a letter.
그는 편지를 쓰고 있어요.

W

Xx

X

492 four hundred and ninety-two(포 헌드러드 앤드 나인티 투)

X-ray [éksréi 엑스레이]

뜻 엑스레이, 뢴트겐 선

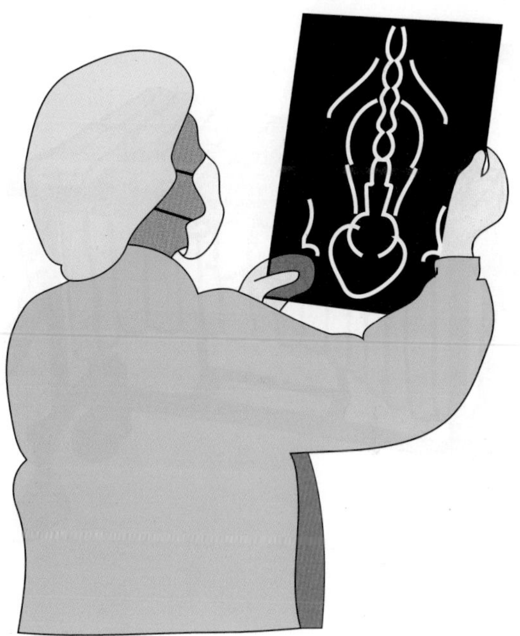

X

xylophone

[záiləfòun 자일러포운]

뜻 실로폰

X

와이

y

year [jiər 이여]

뜻 해, 년, 나이

해피 뉴 이여
Happy new year! 즐거운 새해 되세요.

y

yellow [jélou 옐로우]

뜻 노랑, 노란색

옐로우　　로우즈
yellow rose
노란 장미

yes [jes 예스]

뜻 예, 네

예스 아 켄
Yes, I can. 예, 나는 할 수 있어요.

y

yesterday

[jéstərdi 예스터데이]

뜻 어제

아이 메트 허 예스터데이
I met her yesterday.
나는 어제 그녀를 만났어요.

y

you [ju: 유]

뜻 당신, 너, 너희들

위 원트 유
We want you.
우리는 당신을 원합니다.

y

지

zebra [zíːbrə 지브러]

뜻 얼룩말

zero [zíərou 지어로우]

뜻 제로, 영, 0

ZOO [zu: 주]

뜻 동물원

거릴러
gorilla
고릴라
멍키
monkey
원숭이
저래프
giraffe
기린
캐믈
camel
낙타
오스트리취
ostrich
타조
울프
wolf
늑대
팍스
fox
여우
앨러게이터
alligator
악어
Z

라이언
lion
사자
타이거
tiger
호랑이
엘러펀트
elephant
코끼리
히포우
hippo
하마
이글
eagle
독수리
아울
owl
부엉이
Z

지은이 **문 순 열**

세계미술문화교류협회 전문위원 및 한국본부 기획실장
(주)국민서관 편집부장, (주)삼성출판사 편집부장,
(주)예림당 편집실장, 성한출판주식회사 편집국장 역임
한국자연사진가협회 회장, 한국편집인협의회 간사,
한국동물보호연구회 이사, 도서출판 대연 대표
저서 : 《영어 단어 퍼즐》(도서출판 지식서관),
《어린이 영어스쿨》(도서출판 은하수),
《톡톡 튀는 영어》(도서출판 지식서관),
《동식물 도감》(도서출판 은하수),
사진 작품집 《들빛》(사진예술사),
《한국 인물 사진》(주식회사 예림당),
《세계 인물 사전》(주식회사 예림당) 외 다수

그림으로 배우는 영어책

기초 영단어 660

지은이/문순열 펴낸이/이홍식
발행처/도서출판 지식서관
등록/1990.11.21 제96호
경기도 고양시 덕양구 고양동 31-38
전화/031)969-9311(대)
팩시밀리/031)969-9311
e-mail / jisiksa@hanmail.net

13판 발행일/2007년 4월 5일
개정판 15쇄 발행일/2023년 1월 5일

세계의 국기

A a [ei 에이]

어메리카
America
미국

B b [bi： 비]

브러질
Brazil
브라질

C c [si： 씨]

차이너
China
중국

D d [di： 디]

덴마크
Denmark
덴마크

Ee

잉글런드
England
영국

[iː 이]

Ff

프랜스
France
프랑스

[ef 에프]

Gg

저머니
Germany
독일

[dʒiː 지]

Hh

헝거리
Hungary
헝가리

[eitʃ 에이취]

Ii

이틀리
Italy
이탈리아

[ai 아이]

Jj

저팬
Japan
일본

[dʒei 제이]

Kk

[kei 케이]

커리어

Korea

한국

Ll

[el 엘]

럭섬버그

Luxembourg

룩셈부르크

Mm

[em 엠]

멕서코우

Mexico

멕시코

Nn

[en 엔]

노웨이

Norway

노르웨이

Oo

[ou 오우]

오만

Oman

오만

Pp

[piː 피]

필러핀스

Philippines

필리핀

Qq
[kju: 큐]

카터
Qatar
카타르

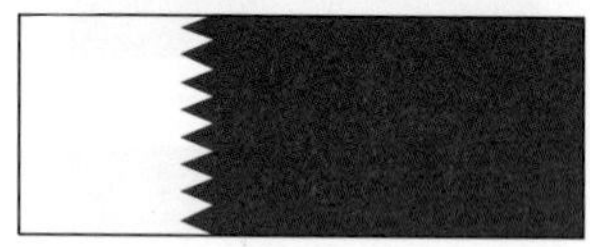

Rr
[ɑ: r 아르]

러셔
Russia
러시아

Ss
[es 에스]

스위처런드
Switzerland
스위스

Tt
[ti: 티]

타이완
Taiwan
대만

Uu
[ju: 유]

유갠더
Uganda
우간다

Vv
[vi: 비]

베니줴일러
Venezuela
베네수엘라